W0057549

Désirée Baierl

Anam AR AIS
Beziehungsfesseln lösen

mit schamanischer
Energiemedizin

Schirner
Verlag

ISBN 978-3-8434-1180-6

Désirée Baierl:
Anam Ar Ais
Beziehungsfesseln lösen mit
schamanischer Energiemedizin
© 2015 Schirner Verlag, Darmstadt

Umschlag: Murat Karaçay, Schirner,
unter Verwendung von #77250421 (©Oleg
Zhevelev), #214010425 (©Masson), #164152514
(© RAEVSKY), www.shutterstock.com
Layout: Silja Bernspitz, Schirner
Satz & Redaktion: Kerstin Noack, Schirner
Printed by: Ren Medien GmbH, Germany

www.schirner.com

1. Auflage Juni 2015

Widmung

Dieses Buch ist für Lia,
deren Tod mir erst das Ausmaß des Segens
bewusst gemacht hat,
das dieses Werkzeug der Fädentrennung bedeutet.

Anam Ar Ais bedeutet
»die Seele ganz zurück«

und ist eine der hohen Heilkünste
der keltischen Schamanen und Priesterinnen.
Sie dient dazu, aneinander gefesselte Seelen zu lösen
und bei Verlust eines geliebten Wesens
das Leid wunderbar zu lindern.
Wenn einer sein Herz an jemanden »verloren« hat,
ein Stück der eigenen Seele vom anderen mitgenommen wurde
oder eine Herzenswunde nicht heilen will,
ist Anam Ar Ais das (Zauber-)Mittel der Wahl.

AR AIS

Inhalt

DER ZAUBER DER LIEBE
Das Verschmelzen der Seelen

Eines der größten Mysterien der Liebe ist das Gefühl, miteinander eins zu werden. Seit Jahrtausenden versuchen Dichter und Schriftsteller das unbeschreibliche Gefühl in Worte zu fassen, wenn die Liebe sowohl Körper als auch Seelen miteinander verschmelzen lässt.

Halt nichts zurück, mein Liebster,
    und schmelze in mich,
        während mein Sein
            in Deines fließt.
    Aufgelöst bin ich
    und endlich ganz

        spüre ich mich,
            so deutlich
                als Du.

        Nun weißt Du, wer ich bin.

Vielleicht ist eines der Geheimnisse dieses Verschmelzens, dass es sich dabei nicht nur um ein Gefühl »als ob« handelt. Unsere Lichtkörper, unsere Seelenessenzen fließen tatsächlich ineinander! Die Membranen unserer Auren öffnen sich, und die beiden Seelenlichter gleiten ineinander. Es ist der göttliche Akt der Vereinigung, den wir hier mittels der höchsten Macht der Erde, der Liebe, bewirken.

Eines der heiligsten Zeichen, das wir kennen und das wir rund um den Erdball sowie im Universum in allen möglichen Spielarten finden, zeigt dies ganz wunderbar: die Vesica Pisces.

Die Vesica Pisces ist das uralte Symbol für die Heilige Hochzeit, wenn sich Himmel und Erde, Gott und Göttin, Mann und Frau, Seele und Seele vermählen. Kommen Ihnen dieses Symbol und seine Bedeutung bekannt vor? Natürlich, denn die große Kraft sehr alter und universeller Figuren, Bilder, Worte und Symbole überdauert die Zeiten. Und so ist die Vesica Pisces auch in der Neuzeit DAS Symbol für Vereinigung und Hochzeit, nämlich als sich überschneidende Eheringe.

Und natürlich steht die Vesica Pisces noch für vieles mehr: Sie ist z.B. eines der ältesten Symbole für Jesus Christus, die Vagina der Göttin, das weibliche Prinzip, das Grundmotiv der Blume des Lebens, die Beschreibung von Quadratwurzeln und Harmonie in geometrischer Form, Symbol für die Schöpfung, sie ist die Form, die bei der Zellteilung entsteht u.v.m.

Und die Vesica Pisces ist es auch, die ganz klar und einfach zeigt, was auf der Seelenebene geschieht, wenn sich zwei Menschen in Liebe verbinden: Zwei Individuen, zwei Lebenskreise, zwei Welten, zwei Seelen stehen sich zunächst einzeln/getrennt gegenüber.

Kommt nun die Liebe dazu, beginnt die heilige Alchemie: Die beiden Kreise/Seelen öffnen die Membranen ihrer Lichtkörper (Auren) und gleiten ineinander – vergleichbar auf der physischen Ebene mit dem Geschlechtsakt.

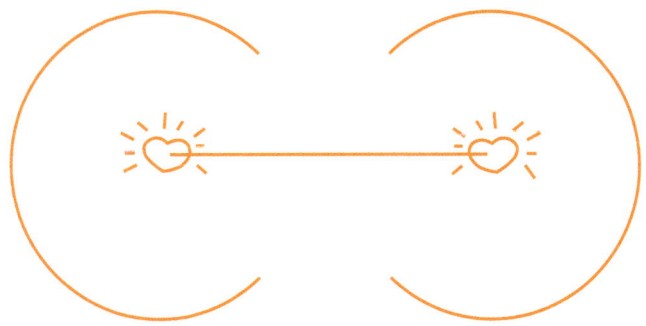

ABB.: HERZVERBINDUNG MIT GEÖFFNETEN LICHTKÖRPERN

ABB.: DIE LICHTKÖRPER GLEITEN INEINANDER

Was Sie hier sehen, ist Individualität und zugleich Vereinigung. Dieses Bild zeigt sich auch auf der Seelenebene – wenn auch mehrdimensional: Beide Partner haben in ihrem Lichtkörper Teile der Seelenessenz des anderen. Das ermöglicht diese außergewöhnliche Energie, die ein Liebespaar so besonders macht: die Gleichtaktung, das beinahe telepathische Verstehen, die Chance, innige Nähe zuzulassen, und den Drang, diese zu leben sowie in die Welt/ Haut des anderen schlüpfen zu können.

Das alles ist Wunder, Geschenk und unvergleichliche Möglichkeit zur seelischen Entwicklung in einem. Leider erleben wir immer wieder, dass sich diese magisch verbundenen Kreise irgendwann wieder trennen müssen oder wollen.

Doch was passiert dann mit den miteinander verschmolzenen Seelenenergieteilen?

GETRENNT IST NICHT MEHR GANZ
Wenn man nicht das Herz, sondern einen Teil der Seele verliert

Gerade bei Jugendlichen kann man oft wunderbar beobachten, wie sie auf dem »Trainingsfeld« der Pubertät die Liebe nicht nur auf körperlicher Ebene, sondern besonders auf feinstofflicher Ebene erfahren und ausprobieren: Da ist die gerade aktuelle Flamme der oder die einzig Richtige, die große Liebe, der persönliche Dreh- und Angelpunkt der Welt – und drei Monate später ist Schluss. Ist man die oder der Verlassene, nimmt der Liebeskummer allen Lebensraum ein, und die Wellen des Schmerzes wallen turmhoch auf – oft für die gefühlte Ewigkeit von zwei Wochen, spätestens aber dann, wenn nach nicht allzu langer Zeit der neue Märchenprinz oder die nächste Herzdame die Bühne betritt …

Was die heranreifenden jungen Menschen uns hier vorführen, ist eine weise eingerichtete Form der »Trockenübung« in Sachen Herz, Gefühle und Liebe – und damit weitgehend ungefährlich für die Seele.[1]

Sie als Ex-Teenager und/oder als Eltern(-teil) jetziger oder ehemaliger Pubertierender kennen die ausgeprägte Ichbezogenheit von Jungen und Mädchen in diesem Alter: Alles dreht sich nur um sie und sie sind der Nabel ihrer Welt. Es ist genau diese jugendliche Egozentriertheit, die ihnen in Sachen außerfamiliärer Liebe und Partnerschaft den nötigen Schutzraum bietet: Der »normale« Teenager lässt sich nämlich gar nicht wirklich auf sein Gegenüber ein, sondern nutzt den Partner oder die Angebetete als eine Art Statist im eigenen Welter-

---

1   Dies alles gilt natürlich nur dann, wenn der betreffende junge Mensch nicht mit entsprechenden seelischen Beziehungswunden, energetischen Verbindungen oder Seelenverträgen vorbelastet ist. Zudem bestätigen Ausnahmen immer die Regel, und es gibt immer wieder Teenager, die sich ohne natürlichen Schutz und mit ganzem Herzen einer echten Liebe hingeben.

leben. Auf der feinstofflichen Ebene bedeutet das, dass der jeweilige Partner als Projektionsfläche dient. Wie ein Schatten wird auf diese Projektionsfläche eine Art Lichtkörper-Doublette geworfen, die der Verliebte im Rahmen seiner eigenen Welt entworfen hat.

Sie denken, das klingt kompliziert? Dann ganz konkret: Sarah, 13 Jahre alt, verliebt sich in Leon. Doch Sarah sieht Leon nicht als den, der er ist, und es ist auch nicht ihr Bedürfnis. Wenn Sarah Leon ansieht, ist er der Junge ihrer Träume, und wie es in Träumen möglich ist, erschafft sie auf der feinstofflichen Ebene einen energetischen Traum-Leon, eine Art Fantasie-Lichtkörper-Double. Diese feinstoffliche Projektion legt sie wie ein Dia, ein holografisches Bild oder einfach einen »Strohmann« über den wirklichen Leon.

Wenn Sarah nun in aller stürmischen Verliebtheit ihre Lichtkörper-Membran öffnet, vereinigt sie sich nicht mit Leon bzw. seinem Lichtkörper, sondern nur mit ihrer eigenen Projektion von Leon.

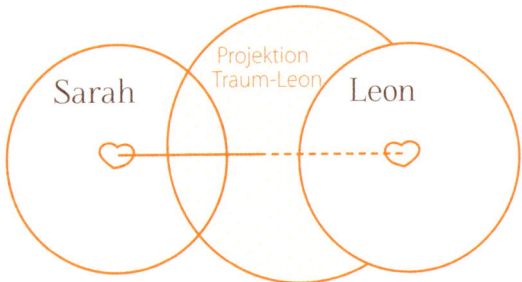

Wie Sie sehen, bildet Sarahs Lichtkörper die Vesica Pisces nicht mit Leons Lichtkörper, sondern nur mit ihrem eigenen Projektions-Gebilde. Verliebt ist Sarah also nicht in Leon, sondern in ihr Bild von ihm.

Das ist übrigens auch der energetische Grund, warum für Teenager auch Stars und Schauspieler im wahrsten Sinne des Wortes Gegenstand ihrer Verliebtheit sein können: Sie entwerfen eine Lichtkörperprojektion für den oder die Betreffende(n) und vereinigen sich mit diesem.

Wie weit die Projektion vom jeweiligen realen Lichtkörper entfernt ist und inwiefern es somit doch zu wirklichen Berührungen oder Vereinigungsanteilen kommt, hängt von der jeweiligen Person ab und deren Vermögen, sich einzulassen bzw. sich berühren zu lassen.

Auch wenn eine Trennung ganz reale Herzschmerzen verursacht, gleiten auf der Lichtkörperebene beide Beteiligten glatt und unbeschadet auseinander, und wenn überhaupt, bleibt nur ein Rest der Projektion an den jeweiligen Lichtkörpern hängen, die sich mit der Zeit von selbst ablösen. Darum ist es weder für Sarah noch für Leon ein Problem, sich nach kurzer Zeit wieder neu zu verlieben und leidenschaftlich weiter zu üben.
Als mehr oder minder Erwachsene sieht die Sache aber ganz anders aus. Die Zeit des spielerischen Erprobens und des »Welpenschutzes« ist vorbei. Jetzt geht es um die »höheren« Entwicklungsschritte und Lernerfahrungen und darum, den oder die zu finden, der oder die den Ruf der Seele beantwortet, den Flügelpartner, mit dem man fliegen kann …

Wir verlieben uns, öffnen unsere Lichtkörpermembranen, gleiten ineinander und gehen Hand in Hand und Lichtkörper in Lichtkörper gemeinsam durchs Leben …

… so lange, bis sich die Wege vielleicht wieder trennen – und mit ihnen natürlich auch die Lichtkörper.

EIN STÜCK VON MIR IST MIT IHM/IHR GEGANGEN
Sich (ungewollt) trennen müssen

Je nach Intensität, Dauer und Lebensverflechtung der Partner gleiten die Lichtkörper oft nicht so »sauber« auseinander, wie sie sich vereinigt haben. Häufig bleiben durch die intensive Verschmelzung Seelenenergieteile beider Partner im Lichtkörper des jeweils anderen zurück.

Feine Lichtfäden laufen vom eigentlichen Eigentümer zu seinen hängen gebliebenen Seelenenergieteilen im Lichtkörper des anderen – und so bleiben beide energetisch verbunden, auch, wenn sie das gar nicht wollen und ansonsten keinerlei Kontakt mehr zueinander haben.

Vielleicht haben Sie von einer Freundin, einem Freund oder einem Verwandten nach dem Verlust des Partners – sei es durch Trennung, Scheidung oder Tod – folgenden Ausspruch schon einmal gehört oder Sie kennen ihn aus eigener leidvoller Erfahrung:

Es ist, als wäre ein Stück von mir
mit ihm/mit ihr gegangen.

Dies beschreibt zum einen exakt den Zustand auf der feinstofflichen Ebene: Teile der eigenen Seelenessenz wurden zusammen mit dem Partner verloren! Zum anderen können Sie sich anhand dieser Aussage gut vorstellen, wie sich eine solche Vertauschung und Vermischung von Seelenenergieteilen auf die Betroffenen und ihr Leben auswirken kann. Vor allem nach einer Trennung, die nur von einer Seite ausging, fühlt es sich für die zurückgelassene Person oft an, als ob sie nicht nur verletzt, sondern einfach nicht mehr vollständig wäre. Nicht nur der Partner fehlt, sondern auch Teile des eigenen Selbst. Zum ganz natürlichen und wichtigen Trauerprozess sowie zur Verarbeitung eventueller Verletzungen, die aus der Trennung oder der Beziehung stammen, kommt also noch ein riesiger Packen oben drauf, der meist gar nicht bewusst wahrgenommen wird, da der Ursprung nicht bewusst ist:

- Trauer um die Seelenenergieteile, die verloren gingen
- Wut über den »Diebstahl« oder über die »Löcher«, die das oft gewaltsame Auseinanderreißen der Lichtkörper verursacht hat
- Minderung des Selbstwertgefühls, weil man/frau (= der Lichtkörper, die Seelenessenz) ja nicht mehr ganz, sondern »beschädigt« ist
- das faktische »Nicht-loslassen-Können«, da es immer noch die energetische Verbindung gibt
- Schwierigkeiten, sich einem neuen Leben und/oder einer neuen Beziehung zuzuwenden, da man/frau ja im wahrsten Sinne des Wortes noch gebunden ist
- Probleme, sich auf eine neue Beziehung ganz einzulassen, weil der frühere Partner wie ein Schatten als »unsichtbarer Dritter« dabei zu sein scheint
- Erschöpfung, Depression, Antriebslosigkeit, verminderte Leistungsfähigkeit und Begeisterungsfähigkeit, fehlende Tatkraft bzw. Energie, Dinge umzusetzen oder zu Ende zu führen, körperliche Beschwerden und ständige Krankheitsanfälligkeit durch den lückenhaften Lichtkörper und das Fehlen wichtiger Bestandteile im eigenen Seelenpotenzial
- körperliche Beschwerden, die immer in Zusammenhang/Kontakt/Erinnerung mit der betreffenden Person auftreten
- und vieles mehr

Und das betrifft nicht nur (ehemalige) Liebespartner, sondern alle intensiven Verbindungen wie die von Eltern und Kindern, (Zwillings-)Geschwistern und Menschen, mit denen man über ein außergewöhnliches oder traumatisches Erlebnis verbunden ist.

Anke ist schon seit sechs Jahren mit ihrem Freund Tom zusammen – leider davon in den letzten drei Jahren nicht mehr wirklich glücklich. Schon seit Monaten reift in ihr die Überzeugung, dass sie sich trennen will und muss, aber irgendwie ist nie der richtige Zeitpunkt, und Anke will Tom, der so sehr an ihr hängt, einfach nicht wehtun. Als Tom dann völlig überraschend derjenige ist, der Schluss macht, ist sie in erster Linie erleichtert. Natürlich ist ihr Ego verletzt und ihre weibliche Eitelkeit schmerzhaft getroffen – dennoch freut sie sich auf den Neuanfang und die Chance auf ein nagelneues Glück …

… und dann beginnt plötzlich massiver Liebeskummer. Sie kann kaum noch essen oder schlafen, weint nur noch, raucht Kette und muss sich krankschreiben lassen. Sie begibt sich in Psychotherapie und erzielt einen großen Fortschritt: Sie kommt mehr zur Ruhe und kann auch wieder besser für sich sorgen. Dennoch kreisen ihre Gedanken ständig um Tom, und sie ist nach wie vor nicht arbeitsfähig. Sie schreibt für ihn x Briefe, die sie nicht abschickt, ruft ihn an und legt gleich wieder auf, und die Versuche ihrer Freundinnen, sie abzulenken und ihr neue Männer vorzustellen, lassen sie erst kalt, später dann fühlt sie sich genervt. Sie will nicht irgendeinen Mann, sondern nur Tom. Vom Verstand her ist ihr völlig klar, dass sie die Beziehung ja schon lange nicht mehr wollte und Tom als alles andere als ihren Traummann erlebt hat. Aber das nützt ihr nichts. In ihrer Seele herrscht ein tosender Orkan, und sie weiß nur eines, was dagegen helfen würde: wenn Tom zu ihr zurückkommt. Sein Weggehen hat ein klaffendes Loch in ihr Sein gerissen, das nur er wieder füllen kann. Doch wenn das so ist, heißt das dann nicht, dass Tom der Mann ist, der zu ihr gehört – ihr Seelenpartner, ihre andere Hälfte? Falls er also ihre Bestimmung ist und dennoch nicht zu ihr zurückkommt, dann ist das ihre Verurteilung zu einem einsamen Leben ohne Hoffnung auf eine neue Liebe! Wie soll es dann noch lebenswert sein?

Doch der wahre Grund für Ankes heftige Empfindungen liegt im Lichtkörper: Auf der Höhe ihres Magens bis in den Bauchraum hinunter fehlt ein ganzes Stück ihrer Seelenenergie – Ankes Gefühl, ein Loch in ihrem Selbst zu haben, war also ganz genau richtig erspürt. Und der Sitz des Seelenloches ist wahrscheinlich auch Teil ihrer Ess-Beschwerden. Dafür leuchten über ihre ganze rechte Seite verteilt (wie sie später erzählt, schlief und ging Tom stets rechts von ihr) kleine kugelförmige Gebilde auf, von denen drahtseilartige Lichtfäden ausgehen: Es sind Teile von Toms Seelenenergie, die bei der Trennung der Lichtkörper bei ihr hängen geblieben sind.

Selinas Vater hatte sich schon vor ihrer Geburt von ihr distanziert. Als Dreijährige wurde sie dann von ihrer Mutter bei der Oma abgegeben und dort nie wieder abgeholt. Die Großmutter zog Selina hingebungsvoll auf und war immer und verlässlich für sie da. Selina dankte es ihr, indem sie sich ganz im Sinne ihrer Großmutter entwickelte, ihre Vorlieben und Interessen teilte und nach dem Studium einen Job in unmittelbarer Nähe annahm. Ihre Großmutter war für Selina der wichtigste Mensch im Leben.

Selina ist 28, als ihre Großmutter an Krebs stirbt. Natürlich rechnen alle damit, dass Selina schwer trauern wird. Doch das Ausmaß ihres Schmerzes scheint bodenlos. Sie zieht sich völlig zurück, und in ihrer Trauer schreit sie oft stundenlang vor Weinen … immer wieder den Namen ihrer Großmutter und dass sie doch eins gewesen wären …

Obwohl Selina Hilfe von außen annimmt und sich unendlich bemüht, aus diesem Tal der Tränen und des Schmerzes herauszukommen, bringt ihr nichts Erleichterung. Auch wenn sie sich tagsüber erfolgreich ablenken konnte, holt sie spätestens mit Einbruch der Nacht das Gefühl wieder ein, als habe der Verlust der Großmutter ihr Inneres herausgerissen und sie als leere Hülle zurückgelassen.

Zwei Freunde finden Selina nach ihrem Selbstmordversuch noch rechtzeitig und bringen sie ins Krankenhaus.

Was Selina dringend gebraucht hätte, wäre das Wissen gewesen, was energetisch bei der Trennung passierte, dadurch dass sie ihren Lichtkörper von

Kindesbeinen an so stark mit dem der Großmutter verwoben hat: Ihre Seelen-energie war wie mit Zick-Zack-Bändern von »Leerstellen« durchzogen, und von jedem ihrer Chakren[2] führten gleich mehrere Lichtfäden zu ihrer Groß-mutter. Über Selinas Herz-Chakra lag ein zarter milchiger Schleier: ein Stück Seelenessenz der Großmutter. Sowohl die verbindenden Lichtfäden als auch die vertauschten Seelenenergieanteile zogen nicht nur Selina weg aus dieser Welt und ihrem Leben, auch die Seele der Großmutter konnte nicht vollstän-dig ihre Reise antreten, sondern war noch an diese Welt gebunden.

Gerade wenn es um den Verlust eines geliebten Wesens durch Tod geht, möchte ich noch einmal ausdrücklich darauf hinweisen, wie segensreich und schmerzlindernd die Rückgabe der jeweiligen Seelenanteile sein kann. In ei-nem solchen Fall eine Fädentrennung durchzuführen, bedeutet weder, dass es keine Trauer mehr gibt, noch, dass die Herzverbindung zwischen beiden gelöst wird. Manchmal wird diese Hilfe auch abgelehnt, weil das Gefühl be-steht, dem anderen Wertschätzung wegzunehmen, indem man den Schmerz um ihn lindert. Meiner Erfahrung nach will keiner, der in die Andere Welt ge-gangen ist, dass seine Lieben in Trauer oder Seelenqual versinken, sondern ist froh, wenn sie Hilfe bekommen und diese annehmen. Das gilt im Übrigen auch für Gefährten aus dem Tierreich. Für Menschen, die während ihres Le-bens wenig oder gar nicht mit der intensiven Herzverbindung zu einem Tier in Berührung gekommen sind, ist es – auch durch unseren kulturellen Um-gang mit Tieren – schwierig nachzuvollziehen, dass der Verlust eines Tieres so tief treffen kann.

Der postmortale Austausch von Seelenenergieteilen wird von allen verstor-benen Wesen begrüßt, und ich kann Ihnen aus eigener Erfahrung versichern, dass diese geliebten jenseitigen Wesen dankbar und froh sind, wenn Sie ihret-wegen nicht mehr so leiden. Die Wirkung einer Fädentrennung kann hier von spürbarer Schmerzlinderung bis hin zu einem Heilungsgrad reichen, als läge

2   Wort aus dem Sanskrit für »Rad« oder »Wirbel«. Energietore im Lichtkörper, die die verschiedenen (Er-)Lebensbereiche steuern

der Verlust schon lange zurück und hätte seinen Platz in unserer Erinnerung mit einem liebevollen Lächeln eingenommen.

Fabian hat seine große Liebe geheiratet, lange um seine Ehe gekämpft und schwer verletzt die Scheidung durchlitten. Jetzt, nach drei Jahren, hat er sich gefangen und die ganze »Misere«, wie er es nennt, gut verarbeitet. Er ist wieder verliebt und mit seiner neuen Partnerin Isa zusammengezogen. Aber irgendwie ist er nicht mehr der Alte. Es ist, als könnte er viele Situationen dieser neuen Liebe nicht mehr unbefangen genießen: Bei dem romantischen Picknick, das Isa als Überraschung organisiert hat, muss er immer wieder an seine Exfrau und ihre Vorliebe für Picknicks »mit Stil« denken. Wenn Isa in geselliger Runde eine ihrer Anekdoten zum Besten gibt und sich alle vor Lachen kringeln, fällt ihm ein, wie er seine damalige Frau wegen ihres Geliebten zur Rede stellte und sie meinte, der brächte sie wenigstens zum Lachen. Dann zieht sich etwas in ihm zusammen, und dadurch ist er oft der Einzige, der nicht mitlacht. Isa sieht ihn irritiert an. Ja, Fabian vergleicht manchmal. Eigentlich tut er das häufig. Und mal schneidet Isa deutlich besser ab und mal seine Ex. Aber das ist doch ganz normal, nicht wahr? Und wenn wir schon beim Vergleichen sind: Er rechnet es Isa hoch an, dass sie im Gegensatz zu seiner Exfrau so gelassen ist – vor allem, weil sie es eigentlich schwerer mit ihm hat als Birgit damals. Die konnte zu ihrem Helden, der beruflich glänzte und hervorragende Erfolge einfuhr, natürlich aufschauen und stolz sein. Aus einem ihm unerfindlichen Grund geht es seit fast vier Jahren nicht mehr voran auf der Karriereleiter – er wurde schon zweimal bei Beförderung und Umstrukturierung übergangen. Dass er jetzt schon ein paar Mal auch im Bett nicht mehr glänzen konnte, sondern ziemlich verlegen etwas von stressigem Tag murmelte, macht die Sache auch nicht einfacher. Er ist völlig verblüfft, als sein bester Freund ihm bei einem Kneipenbesuch und einem gepflegten Gespräch über Gott, die Welt und die Frauen trocken entgegnet: »Fabian, ich glaube, ihr führt eine Dreierbeziehung: Isa, du und der Schatten deiner Exfrau!«

Nein, energetisch gesehen gibt es keinen Schatten der Exfrau, der über der Partnerschaft von Isa und Fabian schwebt oder sich irgendwo in deren Schlafzimmerecke herumdrückt. Aber eines stimmt genau: Fabian ist tatsächlich nicht mehr ganz er selbst. Er trägt eine Fessel aus Licht, die ihn an Birgit bindet, und Teile seiner Energie, seiner persönlichen Strahlkraft, sind in Birgits Lichtkörper hängen geblieben. Er ist also im wahrsten Sinne des Wortes »kein ganzer Mann« mehr. Zudem hat er seit der Trennung in seiner Lichtkörpermembran lauter winzige Löcher und Risse – er ist dünnhäutig geworden.

Alle drei Beispiele haben zwei Dinge gemeinsam:

Erstens: Sie zeigen, welch heftige Auswirkungen das Vertauschen bzw. Verlieren eines Seelenanteils an einen anderen Menschen auf das gesamte Leben und die Persönlichkeit haben kann.

Zweitens: Sie zeigen, dass es höchste Zeit ist, das Bewusstsein um die energetischen Auswirkungen von Verlust und Trennung sowie das Wissen um deren Heilmöglichkeiten wieder lebendig und zugänglich zu machen. Wir leben in einer neuen Zeit, und diese Zeit zeichnet sich durch eine fundamentale Veränderung aus:

*Wir müssen nicht mehr nur über Leid und Schmerz
lernen und wachsen.
Es ist Zeit, Liebe und Freiheit mehr Platz einzuräumen
und Fesseln in Flügel zu verwandeln!*

Vielleicht haben Sie schon jetzt das klare Gefühl oder innere Wissen, dass es solche feinstofflichen Lichtfäden zu einem anderen Menschen gibt, die Sie negativ binden oder sogar fesseln. Oder Sie haben das Gefühl wiedererkannt, verlassen zu werden und damit auch Teile des eigenen Selbst zu verlieren oder verlassen zu wollen und wie an den andern gefesselt zu sein. Vielleicht aber haben Sie auch nur das unbestimmte Gefühl, dass es so sein könnte – weil die Trennung schon so lange her ist oder Sie unsicher sind, ob Sie die entsprechenden Empfindungen nicht einfach gut im untersten seelischen Keller-Archiv unter »schmerzhafte ungelöste Fälle« abgelegt haben. So oder so können Sie mit der folgenden Übung mehr Aufschluss, Klarheit und Details über die Beschaffenheit Ihrer Verbindung zu einem Menschen bekommen, der nicht mehr aktiver, lebendiger oder positiver Bestandteil Ihrer Lebenswelt ist:

PRAKTISCHE ÜBUNG:

Über Lichtfäden gebunden oder nicht?

Wenn Sie sich darüber klar sind, in Bezug auf welchen Menschen Sie überprüfen möchten, ob bindende Lichtfesseln zwischen Ihnen existieren, denken Sie an die betreffende Person, und suchen Sie sich dann einen Stein – ob Quarz, Kiesel oder Edelstein –, der Sie dazu anspricht.

Als Nächstes machen Sie sich die Person energetisch präsent, indem Sie zum Beispiel ein Foto von ihm oder ihr oder einen Gegenstand, der Sie an die Person erinnert oder der mit ihr verbunden ist, in einem Abstand von ausgestreckter Armeslänge vor sich hinlegen, auch ein Stück Papier, auf das Sie einen Kreis zeichnen und in den Sie den Namen der Person schreiben, ist denkbar.

Jetzt lassen Sie die Person vor Ihrem inneren Auge auftauchen. Sie müssen sie nicht genau sehen – eine Silhouette, eine traumhaft verschwommene Gestalt oder auch nur eine gefühlsmäßige Erinnerung plus den Namen der Person genügen. Sobald Sie also eine Vorstellung oder ein Wissen, die Person quasi präsent haben, blasen Sie diese Vorstellung bzw. dieses Wissen in den Stein. Maximal dreimal.

Lassen Sie jetzt die Person noch einmal vor Ihrem inneren Auge präsent werden, und schieben Sie das Bild in Ihrer Vorstellung über das Foto, den Gegenstand oder das Papier.

Spüren Sie nach, was für ein Gefühl auftaucht, wenn Sie sich an diese Person erinnern oder an sie denken.

Trauer? Das Gefühl, allein gelassen worden zu sein?
Schuld? Schmerz? Wut? Verzweiflung?
Angst? Entwertung? Sich klein fühlen? Ohnmacht?
Begehren? Eifersucht? Sehnsucht?

Oder eine Körperempfindung wie:

- die Kehle oder Brust wird eng
- Herzklopfen
- Kältegefühl
- der Magen zieht sich zusammen
- Blei in den Beinen
- Gewicht auf den Schultern
- Gänsehaut

oder Ähnliches?

Blasen Sie das Gefühl/die Empfindung in den Stein. Maximal dreimal. Und führen Sie den Stein anschließend zu der Körperstelle, wo das Gefühl wie zum Beispiel Traurigkeit oder die Empfindung wie zum Beispiel Kälte sitzt. Halten Sie den Stein einen Moment an dieser Stelle, und erlauben Sie dem Gefühl, noch etwas intensiver zu werden.

Nun nehmen Sie den Stein und führen ihn langsam in Richtung energetisches Gegenüber. Dabei stellen Sie sich – am besten mit geschlossenen Augen – vor, dass der Stein von der Körperstelle an, an die Sie ihn gehalten haben, einen Faden aus Licht hinter sich herzieht.

Konzentrieren Sie sich jetzt auf die Vorstellung der Person Ihnen gegenüber – die Umrisse oder eine ungefähre Gestalt reichen völlig aus.
Führen Sie den Stein mit dem Lichtfaden zu der Stelle bei dieser Person, zu der es Sie spontan hinzieht. Halten Sie den Stein einen Moment dort, und beobachten Sie mit Ihrem inneren Auge den Lichtfaden:
Wenn der Lichtfaden nicht stabil bestehen bleibt, zunehmend dünner wird oder sofort verschwindet, gibt es hier keine Beziehungsfessel zu kappen.

Falls Sie zu Anfang jedoch zwei oder mehr Gefühle zu dieser Person identifiziert haben, machen Sie die gleiche Prozedur noch einmal mit dem zweiten oder auch dritten oder vierten Gefühl.

Bleibt einer der Lichtfäden deutlich stabil und durchgehend von Ihnen zu der Person bestehen, AUCH wenn Sie den Stein wegnehmen, wissen Sie, dass Sie hier etwas lösen können.

Achtung: *Wenn zu einem negativen Gefühl kein Lichtfaden sichtbar wird, Sie aber innerlich wahrnehmen, dass ein Lichtband von Herz zu Herz geht und ein guter Kontakt zueinander besteht, dann zeigt das einen positiven Herzkontakt an. Dieses Herzband brauchen Sie natürlich nicht zu lösen.*

ICH HÄNGE AN DIR!
Sich trennen wollen, aber nicht können

Wenn Sie das Wissen um die energetischen Beziehungsfesseln erst einmal ins Bewusstsein gerückt haben, wird Ihnen schnell auffallen, wie viele Menschen in Abhängigkeit leben und an Beziehungen gefesselt sind, die leidvoll sind oder das Finden des wahren Seelenpartners bzw. das Erfüllen der eigenen Bestimmung verhindern. Viele dieser Menschen würden diese Fesseln nur zu gern abstreifen und die Beziehung verlassen, fühlen sich dazu aber nicht in der Lage.

Martina und Hans sind in ihrem gesamten Freundeskreis als »Die können nicht miteinander, aber auch nicht ohne einander« bekannt. Getrennt sind sie schon seit Jahren, und keiner versteht, warum sie sich nicht endlich scheiden lassen. Hans hilft Martina immer noch bei allen Steuerangelegenheiten, er kommt bei ihr vorbei, um dies und jenes im Haus zu reparieren oder um zu helfen, den großen Bücherschrank umzustellen, der für Martina allein zu schwer ist.

Martina ihrerseits hilft ihm immer wieder aus diversen finanziellen Patschen, kümmert sich um ihn nach einem komplizierten Wadenbeinbruch und lädt ihn an seinem Geburtstag zum Essen ein, damit er nicht allein feiern muss. Dennoch dauert es nie mehr als eine halbe Stunde, bis sie sich in die Haare kriegen. Oft stürmt Hans türenknallend aus Martinas Wohnung, während sie auf dem Sofa sitzt und weint.

In all den Jahren seit ihrer Trennung hatte Martina keine Liebesbeziehung mehr. Sie hat oft versucht, den Kontakt zu Hans auf das Allernötigste zu reduzieren bzw. ihn ganz abzubrechen, aber sie hat es einfach nie lange durchgehalten. Er tut ihr so leid, sie fühlt sich immer noch für ihn verantwortlich, und irgendwie … liebt sie ihn immer noch.

Als Martina zu mir in die Praxis kommt, schildert sie kurz ihre Situation, schiebt aber gleich achselzuckend hinterher, dass es wohl sinnlos sei, da etwas machen zu wollen, weil man Liebe eben nicht an- und abschalten könne, wie man wolle.

Dennoch ist sie fest entschlossen, die bindenden Fäden zwischen Hans und ihr durchtrennen zu lassen – vielleicht, so sagt sie, tue es dann einfach weniger weh.

Fünf Wochen nach der Behandlung schreibt mir Martina eine E-Mail. Die Behandlung hat in einer Art und Weise Wirkung gezeigt, die sie völlig überrascht hat: Hans hat nämlich plötzlich eine Freundin, und er hat ihr telefonisch mitgeteilt, dass er den Kontakt zu Martina nun sachlicher zu halten gedenkt. Aber das Überraschendste an dem Ganzen, schreibt Martina, sei die Tatsache, dass sie sich Jahre lang vor diesem Augenblick gefürchtet hätte – und nun einfach nur erleichtert sei. Sie konnte ihm sogar alles Gute wünschen.

Wenn Sie nach der Anleitung in diesem Buch selbst Beziehungsfäden trennen und Seelenenergieteile zurückholen bzw. zurückgeben, denken Sie daran, dass Sie die Wirkung nicht kontrollieren, bestimmen oder voraussagen können, die es auf einen Menschen hat, frei von Fesseln zu sein und sich wieder vollständiger und lebendiger zu fühlen. Eines ist sicher: Es bringt immer eine Veränderung zum Besseren. Aber das heißt nicht, dass dies immer so unkompliziert und reibungslos verläuft wie bei Martina. Manchmal mag es zu einem großen finalen Krach kommen, der endlich Klarheit schafft und erstmals den ersehnten Abstand bringt. Gerade bei innerfamiliären Beziehungen habe ich schon erlebt, dass ganz überraschend eine örtliche Trennung durch Versetzung oder Umzug eingetreten ist und darüber die energetische Lösung einer aussichtslos scheinenden Abhängigkeit und Verstrickung ihre ganz harmonische Entsprechung in der physischen Alltagswelt fand. Und letztendlich kann die Befreiung von Fesseln sehr wohl auch zu einer Wiederbelebung und Heilung der Beziehung führen:

Stefan Zeller[3] wurde eigentlich nie Stefan genannt, sondern nur

»der Zeller Junior«. Sein Vater, ja die ganze Großfamilie, ist unglaublich stolz auf ihn, weil er das Ebenbild vom Vater ist. Er sieht ihm nicht nur sehr ähnlich, er soll auch »aus dem gleichen Holz geschnitzt« sein. Stefans Vater hat für seinen Sohn schon einen genauen Lebensplan im Kopf – er selbst hat damals keinerlei Förderung seiner Begabungen erfahren, sondern musste sich alles schwer erarbeiten und selbst erkämpfen. Als Stefan älter wird, arbeitet er natürlich im Familienbetrieb mit. Eigentlich müsste er sich freuen, wenn er den Vater gegenüber Kunden sagen hört: »Ob Sie das mit mir oder meinem Sohn besprechen, macht keinen Unterschied.« Aber Stefan hat langsam das Gefühl, keine Luft mehr zu bekommen und die eigene Identität nicht mehr zu spüren. Also haut er ab, verbringt Jahre damit, Abstand zwischen sich und den Vater zu bringen und sich möglichst genau in die gegenteilige Richtung zu orientieren, die sein Vater genommen hat oder hätte. Irgendwann bemerkt er, dass er fast seine ganze Energie darauf verwendet, anders zu sein als sein Vater, statt sich darauf zu konzentrieren, zu sich selbst zu finden. Aber Stefan fühlt sich wie getrieben: Sobald er eine Person kennenlernt, eine Arbeitsstelle annimmt oder einen Chef hat, der/die seinem Vater ähnelt bzw. entspricht, muss er sich zwanghaft rausziehen. Er ist inzwischen 34 Jahre alt, ohne richtiges Zuhause, ein Job-Nomade mit immer zweifelhafterem Lebenslauf und jeder Menge Wut und Schuldgefühlen gegenüber seinem Vater. Er entschließt sich zu einer schamanischen Beziehungsfädentrennung und erhofft sich von der Rückgabe der jeweilig vertauschten Seelenenergieteile an ihn bzw. an den Vater mehr Klarheit in seiner Identität und ein objektiveres Bild vom Vater.

In Stefans Lichtkörper zeigt sich die Beziehungsfessel als straffe, dreifach um den Hals geschlungene Lichtkordel. Die Seelenenergie des Vaters umhüllt wie eine Blase Stefans Kopf und Schultern. Er selbst hat zwar keinen Seelenanteil an den Vater verloren, aber seine Seelenenergie im Kopf- und Halsbereich hat sich ganz nach innen zusammengezogen, um der väterlichen Energie »Platz« zu machen.

....

3   Name geändert

Unmittelbar nach der Behandlung wird Stefan von einem regelrechten Hustenkrampf geschüttelt. Doch danach ist sein ewiges Räuspern in der Kehle, wie er sagt, verschwunden, und er hat das Gefühl, viel besser Luft zu bekommen – wie wenn seine Lungen weiter wären. In den nächsten Tagen verspürt er dann ganz deutlich den Drang, seinen Vater aufzusuchen. Sie reden lange und mit neuer Wahrnehmung und Wertschätzung. Stefan kehrt nicht in den Familienbetrieb zurück, aber das Verhältnis zu seinem Vater ist ungezwungener und voller Zuneigung. Ein Jahr später hat Stefan sich und seinen eigenen Platz gefunden.

Dass es zu einer Öffnung bzw. Verschmelzung der Lichtkörper kommt, hat nicht allein etwas mit der Dauer einer Beziehung zu tun, sondern auch mit der Intensität der Gefühle – auch, wenn diese nur von einem der Beteiligten ausgehen.

Alle Angaben werden vertraulich behandelt.
* Der Newsletter kann jederzeit abbestellt werden.

Name/Vorname: _____

Straße: _____

PLZ, Ort: _____

Telefon: _____

E-Mail: _____

Geburtsdatum: _____

Bitte senden Sie mir:

☐ weitere Informationen aus dem Schirner Verlag
☐ den Schirner Newsletter (nur als E-Mail*)
☐ das SPIRIT live & Schirner Magazin

Diese Karte entnahm ich dem Buch:

Würden Sie dieses Buch weiterempfehlen? _____

Vielen Dank!

Antwort

Schirner Verlag
Elisabethenstr. 20 – 22
D-64283 Darmstadt

Das Porto
übernehmen
wir für Sie!

Ich habe 15 kg in 6 Monaten abgenommen – ohne Diät! *(Lisa Biritz)*

Wohlbefinden und Wunschfigur schließen sich nicht aus!

Lesen Sie in Lisa Biritz' neuem Buch alles über die erfolgreiche schamanische Methode zur dauerhaften Wunschfigur!

Mit vielen bodenständigen Übungen und medizinischen Tipps können auch Sie das schamanische Fasten in Ihren Alltag integrieren. Die Meditations-CD ist eine wertvolle Ergänzung, mit der Sie innere Widerstände beim Abnehmen lösen können.

Lisa Biritz
Schamanisches Fasten
Abnehmen und alles essen – das geht wirklich!
Schlank sein mit uralten spirituellen Methoden
128 Seiten, Paperback, farbig, mit zahlr. Abb.
ISBN 978-3-8434-1170-7 | D € 12,95 | A € 13,40

Lisa Biritz
CD: Abnehmen schamanisch!
Vier geführte Meditationen
Audio-CD, ca. 60 Minuten
ISBN 978-3-8434-8303-2
€ 13,95

Schirner Verlag

Für Ralf war es nur eine Affäre, wenn auch zugegebenermaßen eine besonders erfreuliche. Nachdem er Bea eröffnet hat, dass er verheiratet ist und seine Frau nicht verlassen wird, ist Bea regelrecht im Schockzustand. Sie hat sich mit Haut und Haaren in ihn verliebt, hat schon beim ersten Kuss ihre Lichtkörpermembran rückhaltlos für ihn geöffnet und ist in der gemeinsamen Zeit regelrecht in ihn hineingeschmolzen. Seit seiner schockierenden Eröffnung befindet sich Bea in einer Art Gefühlsachterbahn: Mal verbrennt sie voller Wut und Enttäuschung alle seine Liebesbriefe, dann wieder kann sie seinen Anruf kaum abwarten, und dazwischen weint sie in das T-Shirt, das er bei ihr vergessen hat und das so wunderbar nach ihm duftet. Und immer wieder versucht sie, die Kraft aufzubringen, um endlich Schluss zu machen – vergeblich. Bea weiß, dass sie mit dieser Beziehung nur Tag für Tag ihre Lebenszeit verschwendet, aber sie kann nicht anders.

Zur Behandlung kommt sie mit einem einzigen Wunsch: die Kraft aufzubringen, sich von Ralf zu trennen und wieder frei zu sein.

Wie umfassend sich Bea verliebt und auf diese Liebe eingelassen hat, zeigt sich überdeutlich in ihrem Lichtkörper: Von jedem ihrer Chakren, also von jeder einzelnen Steuerungszentrale ihres Welterlebens, laufen Lichtfäden zu Ralf. Auch rund um die Herzregion und entlang beider Beine ziehen sich große Löcher, wo Teile ihrer Seelenenergie fehlen.
Von Ralfs Seelenenergie hingegen findet sich gar nichts in Beas Lichtkörper – dafür ein stattlicher Strang Sexualfäden (siehe S. 85 f.), über die er Lebensenergie von ihr bezieht.

Als ich während der Behandlung Ralf auf der Seelenebene kontaktiere, ist er erst ungläubig, dann aber fast schon bestürzt zu erfahren, dass sich Teile von Beas Seelenenergie in seinem Besitz befinden. Er stimmt einer Herausgabe der Anteile sofort zu und lässt mich ausrichten, dass ihm das tatsächlich und ehrlich leidtut … und er auch ein wenig beschämt ist.
Als ich Bea seine Nachricht überbringe, muss sie sofort wieder weinen. Sie ist enttäuscht, weil sie von dem Fädenziehen und der Rückgabe der Seelenenergien nichts gespürt hat und sich jetzt keinen Deut anders fühlt.

In der darauffolgenden Woche findet sie es aber doch bedeutsam, dass Ralf sich besonders um sie bemüht und sie zweimal mit ganz romantischen Einfällen überrascht. Sie schöpft neue Hoffnung … bis sie heimlich sein Handy kontrolliert und eine zärtliche SMS an seine Frau findet. Sie explodiert. Es bricht einfach alles aus ihr heraus, was sie, um ihn nicht zu verlieren, die ganzen Monate über zurückgedrängt und unterdrückt hat. Das erste Mal hat ihre Wut so viel Kraft, dass Bea sie wie eine riesige Welle endlich klar gegen ihn richten kann. Und: Es ist das erste Mal, dass sie ihn bittet, zu gehen und sie allein zu lassen. Für einen Moment versetzt es ihr einen ziemlichen Stich, dass er ihrer Aufforderung so ohne Weiteres nachkommt, aber dann brandet wieder die Woge ihrer Wut darüber hinweg.

Er lässt sie schmoren, ruft nicht an und die folgenden Tage sind nicht leicht für Bea. Aber in der Nacht des großen Streits hat sie geträumt, dass ein Engel ihr seine Hand auf die Schulter legt und ihr zunickt. Seitdem spürt sie den Engel immer, wenn es besonders herausfordernd für sie ist – und sie schafft es, Ralf nicht anzurufen. Die Zeit vergeht, und es kommt kein Kontakt mehr zustande. Als Bea Ralf ein paar Wochen später mit einer Frau Hand in Hand auf der Hafenpromenade bummeln sieht, rührt sich gar nichts in ihr. Sie ist frei.

ANAM AR AIS –
Die Kunst, vertauschte Seelenenergie zurückzuholen und Beziehungsfesseln zu lösen

Ihre Seelenenergieanteile von jemand anderem wieder zurückzuholen, dessen Seelenenergieanteile zurückzugeben und damit die fesselnden Beziehungsfäden zwischen Ihnen zu lösen, ist im wahrsten Sinne des Wortes eine Heil-»Kunst«. Denn wie Beziehungen es so an sich haben, gehören zwei dazu, und das gilt auch für die Trennung der Beziehungsfäden. Das bedeutet, dass Sie für den Akt der Loslösung mit Ihrem Ex-Partner, Ihrem Elternteil, Bruder, Ihrer Schwester, Ihrem (Pflege-/Adoptiv-)Kind, Ihrem Haustier oder mit wem immer Sie die fesselnden Bande lösen wollen, in Beziehung treten müssen. Bevor Sie jetzt erschrecken: Sie müssen das lediglich auf der Seelenebene tun. Und wenn Sie auch das nicht wollen oder können, kann eine Person Ihres Vertrauens als Ihre Vertretung den Kontakt und die Lösung der Bande übernehmen.

Der erste Schritt:
»Neutrales Gebiet« – den sicheren Ort finden

Um einen Menschen zu treffen, mit dem einen nicht nur vertauschte Seelenenergie und viele Erinnerungen verbinden, sondern zum Beispiel auch tiefe Verletzungen, Schmerz, Wut, Angst oder immer noch Begehren und Sehnsüchte, ist es auch auf der Seelenebene wichtig, einen neutralen Boden zu schaffen, auf dem sich beide sicher und möglichst wohlfühlen. Darum wird die Begegnung auf der Seelenebene an einem Ort zwischen den Welten stattfinden, dessen besondere Qualität es ist, von Friede und segnender Energie durchdrungen zu sein.

Bevor Sie diesen Ort aufsuchen, überlegen Sie sich, wie er aussehen soll, damit Sie sich dort wohl- und sicher fühlen. Das bedeutet nicht, dass es diesen Ort gar nicht wirklich gibt und Sie ihn sich einfach ausdenken. Sie können sich sicher sein: Dieser energetische Ort existiert. Es geht nur darum, dass Sie auf der Seelenebene das »Gewand«, das der Ort tragen soll, seine Ausstattung erschaffen können, sodass er Ihren individuellen Bedürfnissen entspricht. Wo möchten Sie Ihr Gegenüber treffen, um mit ihm über den Austausch der jeweiligen Seelenenergien zu sprechen? Welche Gestalt soll dieser Ort des Friedens annehmen? Ein Platz in der Natur wie eine Blumenwiese oder eine Lichtung? Eine Art runder Boden, ein Platz aus hellem Licht? Ein Tempel, eine Kirche oder ein Steinkreis? Achten Sie bei Ihren Überlegungen darauf, dass es darum geht, einen neutralen Ort zu erschaffen. Wenn Sie sich zum Beispiel in einer Kirche wunderbar zu Hause fühlen, aber wissen, dass der Mensch, den Sie treffen wollen, eine große Abneigung gegen die Kirche hat, werden Sie Schwierigkeiten haben, ihn dort hinzubekommen. Auch Gestaltungsideen, die der Verletztheit entspringen, wie z. B. ein Boxring oder eine Arena, sind als Ort des Friedens ungeeignet – solche Anwandlungen werden nur zu Schwierigkeiten führen und eher als Schuss nach hinten losgehen.

Doch natürlich ist es wichtig, dass Sie eine Ausstattung wählen, die sowohl der Friedensenergie dient als auch Ihrem Bedürfnis nach Sicherheit. So könnte es sich für Sie zum Beispiel gut anfühlen, als neutralen Ort einen Fluss zu wählen. Jeder stünde dann an einem Ufer und der Fluss als Abstand sichernde Zone zwischen Ihnen. Eine andere Variante könnte sein, eine durchsichtige Wand aus Licht zwischen Ihnen zu erschaffen, durch die man so gut hört und sieht wie durch einen feinen Schleier, die sich aber nur auf Ihren Wunsch hin öffnet und ansonsten undurchdringlich bleibt.

Zusätzlich wird an dem neutralen Ort ein Berater und Helfer aus der Anderswelt auf Sie warten. Auch hier können Sie sich in aller Ruhe vorab überlegen, wen Sie sich als Unterstützung wünschen. Soll Ihr Krafttier bei dem Treffen dabei sein? Eine weise Ahnin, ein Seelenhelfer oder ein Engel, der Ihnen bereits vertraut ist? Oder möchten Sie, dass die Geistige Welt diese Entscheidung für Sie trifft und Ihnen den für diese Situation bestmöglichen Helfer schickt?

Wenn Sie eine ungefähre Vorstellung von dem neutralen Ort haben, an dem Sie Ihren Beziehungspartner treffen wollen, und vielleicht auch eine Entscheidung getroffen haben, wer Sie dabei begleiten soll, können Sie loslegen.

REISEANLEITUNG

Lesen Sie die folgende Reiseanleitung so oft durch, bis Sie die Vorgehensweise verinnerlicht haben, oder nehmen Sie den Text auf, und spielen Sie ihn sich dann für Ihre Reise vor. Bei letzterer Variante kann es sein, dass Sie ein wenig herumprobieren müssen, bis Sie wissen, wann Ihnen längere oder kürzere Sprechpausen angenehm sind.

Stellen Sie, soweit es geht, sicher, dass Sie Ihre Reise ungestört erleben können. Das bedeutet: Handy ausstellen, ein dickes Kissen aufs Telefon oder ausstecken etc.

Legen oder setzen Sie sich bequem hin. Wichtig bei der Sitzposition ist, dass Ihre Wirbelsäule gerade ist. Breiten Sie eine Decke über sich, und wenn Sie zu kalten Füßen neigen, legen Sie sich eine Wärmflasche an die Füße. Zwischen den Welten ist es oft erstaunlich kühl, und wenn Sie frieren, werden Sie sich schlechter oder gar nicht auf die intensiven Prozesse einlassen können.

Atmen Sie mehrmals tief und bewusst ein und wieder aus.

Lassen Sie sich von Ihren Atemzügen nach innen tragen.
Immer tiefer und tiefer, bis Sie ganz bei sich angekommen sind.

Nun stellen Sie sich eine große Kugel aus reinem Licht vor.
Treten Sie in dieses wunderbare Licht ein. Die Kugel wird Sie sanft, sicher und ganz direkt zu Ihrem neutralen Ort bringen.

Sobald Sie angekommen sind, treten Sie aus der Lichtkugel und sehen sich sorgfältig um: Ist alles zu Ihrer Zufriedenheit? Sollten Sie noch etwas verändern wollen, um sich bei dem Treffen mit Ihrem Beziehungspartner möglichst ruhig und sicher zu fühlen, tun Sie das. Fallen Sie aber nicht auf den Trick herein und beginnen nun mit endloser Feinarbeit oder Aufrüstung zu einer Art Hochsicherheitstrakt. Das ist eine reine Ablenkungsstrategie Ihrer Angst, Aufregung oder der inneren Widerstände, die vielleicht doch noch nicht ganz loslassen wollen. Denken Sie daran: Sie befinden sich auf der Seelenebene und sind nicht an physische Gesetze gebunden. Wenn Sie den Ort verlassen bzw. das Treffen abbrechen wollen, brauchen Sie es nur zu wünschen, und schon sind Sie wieder im Hier und Jetzt. Sie befinden sich an diesem besonderen Ort zwischen den Welten, der auf der Energiefrequenz des Friedens schwingt. Sie haben nichts zu befürchten. Es ist gut.

Bitten Sie nun darum, dass Ihr »guter Geist« zum geplanten Treffen erscheint. Wenn Sie sich für einen vertrauten Helfer wie Ihr Krafttier, Ihren Schutzengel, Ihren Vorfahren etc. entschieden haben, rufen Sie diesen zu sich. Ansonsten bitten Sie um einen Helfer, der Sie bei dem Treffen bestmöglich unterstützen kann. Vertrauen Sie der Erscheinung, die sich zeigt, auch, wenn deren Gestalt für Sie überraschend sein mag.

Begrüßen Sie Ihren Helfer und Hüter, und bedanken Sie sich für sein oder ihr Kommen.

Sehen Sie sich Ihren neutralen Ort noch einmal genau an.
Nehmen Sie bewusst die Präsenz Ihres Helfers oder Ihrer Hüterin wahr. Verabschieden Sie sich, und wenden Sie sich wieder der Kugel aus reinem Licht zu. Treten Sie in die Kugel ein in dem Wissen, dass Sie jederzeit wieder an diesen Ort zurückkehren können.

Sobald Sie ganz in die Lichtkugel eingetreten sind, bringt sie Sie wieder ins Hier und Jetzt zurück.

Atmen Sie einmal tief ein und aus.

Halten Sie die Augen noch geschlossen.
Bewegen Sie behutsam Finger und Zehen.
Recken und strecken Sie sich …

… und öffnen Sie jetzt die Augen.
Willkommen im Hier und Jetzt!

Ein Schluck Wasser oder Tee hilft, die Energien wieder auszubalancieren und ganz anzukommen.

Wenn Sie mögen, notieren Sie sich, was Sie erlebt haben.

Es ist wichtig, dass Sie den Ort, an dem die Rückholung Ihrer Seelenenergien und das Lösen der Beziehungsfäden stattfindet, kennen und wissen, dass Sie sich dort gut auf den Heilprozess konzentrieren können.

Ihr himmlisches Werkzeug zum Lösen von Beziehungsfäden: der Elestial

Schamanen nutzen für ihre Arbeit oft und gerne Steine, weil diese ähnlich wie das Element Wasser Informationen bzw. Energien sehr leicht aufnehmen – aber anders als Wasser halten sie die aufgenommenen Informationen sehr lange. Darum sind Steine von Kraftorten meist besonders gut als Medizinsteine geeignet. Zusätzlich gibt es Steine, die von sich aus ganz besondere Kräfte und Eigenschaften besitzen. Viele alternative Heilmethoden bedienen sich der Kräfte von Heilsteinen, und auf vielen alten Wegen des Wissens werden spezielle Steine eingesetzt, um Energieflüsse von/für Himmel, Erde, Wasser und Wesen zu bündeln, auszurichten und zu nutzen.

Für das Zurückholen bzw. Zurückgeben von Seelenenergieteilen und das Lösen der Beziehungsfäden eignet sich besonders ein Stein, der über ganz außergewöhnliche Eigenschaften verfügt und nicht umsonst »der Himmlische« oder »Engelsstein« genannt wird: der Elestial (sprich »Elestiäl«).

Elestials sind Millionen Jahre alte Kristalle, die in sich die Kräfte ihrer immer wieder durchlaufenen und sehr außergewöhnlichen Entstehungszyklen tragen: Wachstum, Stillstand, Erneuerung, Verletzung, Heilung.
Elestials führen zur Ganzheit, machen unsere Verbindung mit Himmel und Erde spürbar und sind kristalline Entwicklungshelfer auf höchster Ebene. Zudem verfügen Sie über eine ausgeprägte »Sog«-Wirkung, das bedeutet, sie können auch so hochschwingende Energien wie Seelenenergie wie ein Staubsauger in sich hineinziehen bzw. umgekehrt auch wieder ausstoßen. Dass dies genau das ist, was wir für den Austausch der Seelenenergieanteile brauchen, werden Sie bei den weiteren Schritten feststellen.

Um Beziehungsfäden erfolgreich zu lösen, müssen Sie keinen Elestial benutzen. Auch Bergkristall und Rosenquarz besitzen Eigenschaften, die sich als Werkzeug zu diesem Zweck eignen. Mit einem Elestial ist es einfach sehr viel leichter, die Fäden erfolgreich zu lösen. Sie können sich das in etwa so vorstellen: Wenn ich einen Ast absägen möchte, kann ich das ohne Weiteres mit einer kleinen Säge tun, die ich gerade zur Hand habe. Aber es kostet mich mehr Mühe, Kraft und Zeit, als wenn ich eine größere, extra dafür gemachte Astsäge benutze.

Elestials sind eher selten und nicht in jedem Steineladen erhältlich. Wenn dies ein Hinderungsgrund für Sie wäre oder Ihren inneren Widerständen Vorschub leisten würde, um die Fesseln doch nicht zu lösen, benutzen Sie bitte einen Bergkristall plus einen Rosenquarz. Von der Größe her sollten sie angenehm zu halten sein. Möchten Sie gerne mit Elestials arbeiten, brauchen Sie auch hier zwei Stück. Es ist nicht nötig, große und sehr teure Stücke zu kaufen, aber es sollten keine Trommelsteine sein[4]. Jeder Elestial hat eine ganz eigene Persönlichkeit und Ausstrahlung (in einen Elestial kann man sich regelrecht verlieben!). Wählen Sie zwei Elestials, die Sie besonders ansprechen – das geht auch über ein Foto im Internet, in dem Sie mit ein wenig Zeitaufwand zahlreiche geeignete und günstige Elestials finden können.

Sobald Sie Ihre beiden Werkzeuge für das Fädenlösen gewählt haben – seien es Bergkristall und Rosenquarz oder zwei Elestials – stellen Sie sicher, dass beide Steine energetisch sauber sind. Am besten reinigen Sie die Steine direkt vor der Benutzung (nochmals) unter fließendem Wasser. Stellen Sie sich dabei vor, wie das Wasser alle Anhaftungen mitnimmt, die Ihnen und dem Prozess nicht dienlich sind.

Für beide Steine brauchen Sie jeweils eine verschließbare Hülle, ein Behältnis, das sich schnell und unkompliziert öffnen und schließen lässt – sei es ein Beutelchen, ein Kästchen oder z. B. auch ein Brillenetui.

4   Völlig abgeschliffene Steine verlieren viel von ihrer Persönlichkeit und oft auch von ihrer Kraft.

Herzfesseln gehen – Herzbande bleiben bestehen

Für viele, die sich eigentlich ein Lösen von Beziehungsfesseln wünschen, stellt sich aber eine große Frage: Wenn ich die Beziehungsfäden zu meinem (verstorbenen) Partner, zu meiner Mutter, meinem Kind, meinem Zwilling etc. löse, löst das dann auch unsere Liebe bzw. Freundschaft zueinander? Löse ich damit unsere Beziehung auf?

Ich kann Sie sofort beruhigen: NEIN! Mit der hier vorgestellten Methode werden ausschließlich Beziehungsfäden gefunden und gelöst, die negativ, fesselnd und der Liebe nicht dienlich sind. Wahre Herzensbande sind einfach und klar zu erkennen: Während die Beziehungsfäden, die von den Seelenenergieanteilen zum Eigentümer führen und dadurch fesseln, mal dickere, mal dünnere Fäden aus weißem oder goldenem Licht sind, leuchten Herzensbande in einer Farbe, die der Liebe zwischen den beiden Beteiligten entspricht (manchmal auch in mehreren). Fesselnde Beziehungsfäden sind meist glatt, während Herzbande gedreht sind wie eine Kordel oder eine (Doppel-)Spirale. Zudem haben Sie eine wunderbare Rückversicherung durch Ihre Heilsteine: Die »programmieren« Sie nämlich vor der Fädenlösung so, dass sie nur Fäden lösen, die fesseln. Lichtfäden, die positiv verbinden, bleiben unangetastet.

Maren lebt mit ihrer Mutter und ihrer Schwester Julie zusammen. Die drei sind – vor allem, seit der Vater sie verlassen hat – eine eingeschworene Gemeinschaft und halten zusammen wie Pech und Schwefel. Maren liebt ihre Mutter und auch Julie sehr – aber oft hat sie den Eindruck, dass ihr daheim die Luft zum Atmen fehlt. »Wir glucken so zusammen, da bleibt nicht so viel Platz für den Einzelnen«, lacht Maren oft – aber so lustig ist das gar nicht gemeint, denn bei dem Dreiergespann explodieren die Gefühle und Empfindlichkeiten immer öfter in Streit und unschöne Szenen, nach denen sich alle ganz furchtbar fühlen. Sie schwören sich dann innerlich und auch ausgesprochen, dass sich so etwas nicht wiederholen soll – aber es passiert, und sie verstehen nicht, warum und wie sie es ändern könnten.

Dies ist ein klarer Fall von Beziehungsfesseln – die Lichtkörper der drei sind so miteinander verwoben und verquickt, dass die Individualität darunter leidet. Und dieses individuelle Sein drängt auf sein Bedürfnis und seinen Auftrag, sich zu entfalten, die Flügel weit auszubreiten und bei aller Gemeinschaft auch das Eigene zu entdecken, zu erfahren und zu leben.

Bei dem Entwirren und Lösen der Beziehungsfesseln zwischen allen dreien konnte ich das starke Herzband bewundern, das in Grün, Rosa und einem zarten Violett leuchtete. Es ist faszinierend, auf der Energieebene zu beobachten, was mit Herzbändern geschieht, wenn Fesseln und Verstrickungen gelöst sind. Hier konnte ich miterleben, wie die Herzbänder nach der Rückgabe der verschiedenen Seelenenergieteile heftig anfingen zu pulsieren und jeder Farbton sich noch einmal vertiefte bzw. mehr Leuchtkraft erhielt.

Bei Maren, Julie und ihrer Mutter gibt es nach wie vor manchmal Auseinandersetzungen – aber die gestalten sich nicht mehr wie das Explodieren eines Dampfkochtopfs, sind viel sachlicher und auch deutlich seltener geworden. Maren würde die Beziehung zwischen ihnen nicht mehr als »zusammenglucken« bezeichnen, und seit sie in sich die Freiheit spürt, ihrem eigenen Weg folgen zu dürfen – auch wenn er in eine andere Richtung führen würde als der von Julie oder ihrer Mutter –, erlebt sie das Zusammensein viel entspannter.

Sie müssen also auch keine Angst haben, dass Sie oder ein anderer jetzt einfach aus einem Streit oder Verletztheit heraus das Herzband zu Ihnen kappt. Das ist nämlich noch mal eine ganz eigene Sache und die Anleitung in diesem Buch hat damit auch gar nichts zu tun. Wie Sie ja wissen, lässt sich wirkliche Liebe erfreulicherweise nicht einfach an- oder ausknipsen oder einfach »abschneiden«. Abhängigkeiten und Anhänglichkeiten dagegen, die sich nur anfühlen wie Liebe, lassen sich – ebenso erfreulicherweise – sehr gut lösen.

Sie können nun also ganz entspannt weiterlesen bzw. ans Werk gehen.

Noch einmal zur Erinnerung:

Das brauchen Sie, um Beziehungsfäden zu lösen:

- Einen ruhigen, ungestörten Ort mit bequemer Sitzmöglichkeit
- Zwei Elestials oder
- einen Bergkristall und einen Rosenquarz
- Zwei passende Behältnisse für die Steine
- Etwas zu trinken (kein Alkohol!) ist von Vorteil

Teil 1: Die fremden Seelenenergieanteile ablösen

Setzen Sie sich entspannt hin. Die beiden Elestials, die Sie sich zuvor ausgesucht haben, sollten griffbereit in Ihrer Nähe liegen.

Als Erstes werden Sie bei sich selbst die Seelenenergieanteile suchen und ablösen, die dem oder der anderen angehören.

Wählen Sie nun denjenigen Elestial aus, den Sie für das Ablösen der »fremden« Seelenenergie bei sich selbst benutzen möchten. Wenn Sie nicht mit Elestials arbeiten, wählen Sie bitte den Rosenquarz. Den Stein für die Lösung bei sich selbst legen Sie bitte an Ihre linke Seite – auf oder neben sein Behältnis.

Wie Sie schon wissen, sind Steine ausgezeichnete Informationsträger. Dies machen wir uns jetzt zunutze: Sie »programmieren« Ihren Stein mit Informationen über den Eigentümer der Seelenenergie. So können Sie ihn als zielsicheres »Suchgerät« nutzen.

Nehmen Sie also den Stein, der zu Ihrer Linken liegt, in die Hand. Nun stellen Sie sich diejenige oder denjenigen vor, mit dem Sie die Beziehungsfäden lösen wollen. (Manchmal hilft es, sich dazu ein Foto anzusehen. Aber auch eine gemeinsame Erinnerung kann förderlich sein.) Sie müssen die Person auch nicht deutlich vor sich sehen. Eine schemenhafte Erinnerung, eine schattenhafte Gestalt, die Person von hinten oder das gefühlsmäßige Wahrnehmen genügen völlig.

Halten Sie nun den Stein vor Ihren Mund und blasen Sie diese Person in den Stein – so sanft oder kräftig, wie es Ihnen entspricht.
Jetzt denken Sie an den Namen der Person sowie die Beziehung, in der Sie zu ihr stehen oder standen – also z. B. »Walter Mustermann, mein Ex-Mann« oder »Tine Katzenschlumpf, meine Mutter« –, und blasen auch das in den Stein.

Wenn es Ihnen sehr schwerfällt, sich überhaupt richtig an die Person zu erinnern, dann blasen Sie auffallende Merkmale in den Stein wie z. B. eine große Nase, eine typische Frisur bzw. Glatze, eine Tätowierung, Narbe, besonders strahlende Augen, Hinken etc.

Und zum Schluss blasen Sie nun den Auftrag hinein:
Die Seelenenergieanteile dieser Person in Ihrem eigenen Energiekörper finden und aufnehmen.

Behalten Sie den Stein in der Hand, und schließen Sie die Augen.

Atmen Sie mehrmals tief und bewusst ein und wieder aus.

Lassen Sie sich von Ihren Atemzügen nach innen tragen.
Immer tiefer und tiefer, bis Sie ganz bei sich angekommen sind.

Gehen Sie nun mit Ihrer ganzen Aufmerksamkeit zu Ihrem Bauch. Nehmen Sie den Stein, und »scannen« Sie als Erstes Ihren Bauchbereich. Das heißt, Sie führen den Stein ganz langsam über den ganzen Bauch – aber nicht direkt am Körper, sondern – da wir ja den Lichtkörper »scannen« – ein paar Zentimeter darüber. Folgen Sie mit Ihrer inneren Aufmerksamkeit dem Stein, und beobachten Sie genau, was geschieht. Wenn der Stein an ein Stück Seelenenergie der betreffenden Person kommt, wird er das anzeigen bzw. die Stelle reagiert. So leuchtet zum Beispiel an der Stelle der Seelenenergieanteil oder der Stein in Ihrer inneren Wahrnehmung auf, Sie erhalten ein »Fundstellen«-Signal über ein Körpergefühl wie Gänsehaut, warm oder kalt oder eine Art Pulsieren. In selteneren Fällen wird auch ein Ton oder ein Duft wahrgenommen. Seien Sie offen für alle Wahrnehmungsebenen. Mit wachsender Übung und Erfahrung kennen Sie vielleicht auch dann schon Ihre besondere Wahrnehmungsart für Seelenenergie und können sich rein darauf konzentrieren.

Sobald Ihr Sucherstein einen Seelenenergieanteil ausfindig gemacht hat, geben Sie ihm innerlich die Anweisung, dieses Energiestück aufzunehmen. Beobachten Sie, wie die Energie in den Stein gesogen wird. Können Sie nichts sehen oder fühlen, vertrauen Sie dennoch darauf, dass der Stein seine Arbeit tut.

Sobald das Stück Seelenenergie aufgesogen ist, führen Sie den Stein langsam und sorgfältig weiter, bis der ganze Bauchbereich gescannt ist. Wo immer

Ihr Stein ein Stück Seelenenergie anzeigt, verfahren Sie wie oben beschrieben und lassen es aufsaugen.

Haben Sie im Bauchraum keine Anhaftungen gefunden, können Sie entweder eine kurze Pause machen oder Sie gehen gleich mit Ihrer Aufmerksamkeit zu Ihrem Herz-/Brustbereich und scannen dort weiter.

Haben Sie Seelenenergieanteil(e) in der (Lichtkörper-)Bauchregion gefunden, lassen Sie den Stein jetzt sinken, und stellen sich vor, wie Sie mit Ihrem Einatmen Ihren ganzen Bauch mit heilendem goldenen Licht füllen.

Spüren Sie kurz nach. Dann gehen Sie mit Ihrer Aufmerksamkeit weiter zum Brustbereich. Halten Sie den Stein wieder ein kleines Stück über der Hautoberfläche, und scannen Sie auch Ihren Oberkörper auf Anhaftungen. Wo immer Ihr Stein ein Stück Seelenenergie anzeigt, lassen Sie es ihn aufnehmen.
Haben Sie in Ihrem Brustbereich Anhaftungen abgelöst, halten Sie abschließend inne, und füllen Sie beim Einatmen auch Ihren Brustkorb mit heilendem Goldlicht.

Das Gleiche tun Sie mit und in Ihrem Kopfbereich. Gehen Sie mit Ruhe und Sorgfalt vor.

Abschließend scannen Sie Ihre Arme und Beine. Sollte Ihnen das bewegungstechnisch schwerfallen, denken Sie daran, dass Sie ja den Lichtkörper scannen – und der ist weit ausgedehnt. Es genügt also, den Stein in Richtung der Beine zu halten und geistig die »Strecke« Stück für Stück zu überprüfen.

Wenn Sie alle Lichtkörperregionen überprüft haben und alle Seelenenergieanteile Ihrer Beziehungsperson abgelöst sind, atmen Sie tief durch und kommen ins Hier und Jetzt zurück.

Legen Sie den Stein in sein Behältnis, verschließen Sie dieses, und legen Sie es wieder auf Ihre linke Seite.

Sie haben jetzt drei Fliegen mit einer Klappe geschlagen:

Zum einen haben Sie mit dem Ablösen der Seelenenergie auch schon einen Teil der Verbindungsfäden gelöst – nämlich die Fäden, die von Ihrer Beziehungsperson zu deren Seelenenergieteilen in Ihrem Lichtkörper liefen.

Zum anderen finden Sie über diese Seelenenergie deren Besitzer zielsicher und schnell, denn die Fäden von den Seelenenergieteilen laufen ja zu ihm oder ihr.

Zum Dritten haben Sie damit kostbares Tauschgut und das beste Argument für Ihr Gegenüber, diejenigen Seelenenergieanteile freizugeben, die eigentlich Ihnen gehören, aber im Lichtkörper des anderen haften.

Und damit sind wir schon beim nächsten Schritt: Ihre Seelenenergieanteile von der Beziehungsperson zurückzuholen.

Teil 2: Die eigene Seelenenergie zurückholen

Um Ihre eigenen Seelenenergieteile zurückzuholen und damit die restlichen Beziehungsfesseln zu lösen[5] , werden Sie den zweiten Stein (Bergkristall oder 2. Elestial) als »Sucher« für Ihre eigenen Seelenenergien informieren. Sie werden zu Ihrem neutralen Ort reisen und dort Ihre Beziehungsperson treffen. Und dann beginnt etwas, was in keltischen Schamanentraditionen »Honigmund« oder »Süße Rede« heißt:

Es geht nun darum, die Beziehungsperson an Ihrem neutralen Ort zu überzeugen, Ihnen Ihre Seelenenergieteile zurückzugeben. Dies kann ganz schnell und leicht geschehen. Doch oft genug ist aus den verschiedensten Gründen Überzeugungsarbeit nötig. Vielleicht gab es zwischen Ihnen so viel Kränkung, Verletzung und Wut, dass Ihr Gegenüber keinen Anlass sieht, etwas für Sie zu tun bzw. Ihnen etwas Gutes zu tun. Ein anderer Grund könnte sein, dass Ihr Gegenüber die Bindung zu Ihnen nicht aufgeben möchte oder Angst hat, dass dadurch auch das Herzband getrennt wird.

Manchmal geht es einfach darum, dem anderen klarzumachen, dass es eine Vertauschung von Seelenenergien gegeben hat und wie beeinträchtigend das für beide wirkt.

Dieser Teil ist häufig eine große Herausforderung, weil es richtig viel Willenskraft braucht, um bei diesem Gespräch all das beiseitelassen zu können, was vielleicht zwischen Ihnen vorgefallen ist. Sie können sich denken, dass die Verhandlungen um die Herausgabe Ihrer Seelenenergien nicht gerade erfolgreich verlaufen werden, wenn Sie nach den ersten Sätzen die Fassung verlieren und Ihrem Gegenüber so etwas wie »Wenn du dich nicht wie ein arrogantes Arschloch verhalten hättest, bräuchten wir hier jetzt nicht rumdiskutieren« oder »Es ist ja wohl das Mindeste, was du tun kannst, nachdem du mich ausgenommen hast wie eine Weihnachtsgans!« entgegenschleudern.

---

5   außer, es gibt noch Sexual- oder Versprechensfäden, siehe S. 85 f.

Wenn bei Ihnen noch Schmerz, Wut, Leid und vielleicht auch Angst aktiv sind und Sie befürchten, sich bei den »Verhandlungen« mit Ihrer Beziehungsperson vielleicht nicht zurückhalten zu können, gibt es drei hilfreiche Strategien:

1. Sie besorgen sich einen dritten Stein – egal, was für einen, es kann auch ein Kiesel aus dem Garten sein. Bevor Sie an Ihren neutralen Ort gehen, blasen Sie alles, was Ihnen an negativen Gefühlen und Erinnerungen in Bezug auf die andere Person einfällt, in diesen Stein. Den Stein samt Gefühlen lassen Sie im Hier und Jetzt zurück, während Sie selbst auf die andere Ebene zu Ihrem neutralen Ort reisen. Nachdem Sie die Arbeit vollständig beendet haben, reinigen Sie diesen Stein unter fließendem Wasser.
2. An Ihrem neutralen Ort rufen Sie zuerst Ihr Krafttier bzw. Ihren Helfer. Berichten Sie ihm von Ihren Befürchtungen, und bitten Sie ihn, Ihnen eine seiner Kräfte, Qualitäten oder Energien zu leihen, sobald es »brenzlig« wird. Das könnte dann zum Beispiel so aussehen:

Ben möchte endlich wieder frei für eine neue Liebe sein und deshalb die Fäden zu seiner Ex-Partnerin Charlotte trennen. Charlotte hatte ihren Neuen schon Monate, bevor sie ihn verlassen hat, und Ben ist nun immer noch verletzt. Zudem hängt er noch so sehr an Charlotte, dass er große Bedenken hat, das mit der Fädentrennung vielleicht nicht durchziehen zu können … vor allem, wenn er sie dann vor sich sieht …

Darum bittet Ben bei seiner Ankunft am neutralen Ort die Geistige Welt um den bestmöglichen Helfer für ihn und für diese Situation. Er erwartet irgendein starkes Krafttier, das ihm Mut und Willensstärke verleiht … und ist völlig überrascht, als er die vertraute Silhouette seines verstorbenen Großvaters wahrnimmt. Er ist so verblüfft, dass er völlig vergisst, seinen Opa zu begrüßen oder sich für sein Kommen zu bedanken. Er platzt einfach heraus: »Opa, wie hilfst du mir hier?« Er nimmt keine Antwort wahr, aber er spürt, wie sein Großvater ihm die Hand auf die Schulter legt. Und da weiß Ben plötzlich, dass sein Großvater nichts zulassen wird, was nicht gut für seinen Enkel ist. Er wird ihm helfen, das Richtige zu tun.

Delia will die Beziehungsfesseln zu ihrem verstorbenen Vater trennen, da auch noch nach Jahren der Schmerz und das Vermissen nicht aufhören. Sie ist überzeugt, dass hier viel Heilung geschehen kann, und will die Fädentrennung unbedingt. Doch als sie dann an ihrem sicheren Ort steht und kurz davor ist, den Vater zu rufen, überfällt sie eine heftige Unsicherheit. Sie fürchtet, ihrem Vater vielleicht nicht verständlich machen zu können, warum sie dies will und dass er traurig oder enttäuscht sein könnte. Fast hätte sie sich entschieden, das ganze Unternehmen abzubrechen, als ihr der Gedanke durch den Kopf schießt, dass sie jetzt gerne die sanfte Entschlossenheit der Hirschkuh hätte, die sie seit Jahren als Krafttier begleitet ... und lässt dem Gedanken Taten folgen: Delia bittet ihre Hirschkuh, zu erscheinen und sie mit ihrer besonderen Kraft beim Kontakt mit dem Vater zu unterstützen. Erleichtert spürt Delia an ihrem sicheren Ort, wie ihre Hirschkuh sie von hinten mit ihrer weichen Schnauze anstupst. So fühlt sie sich schon viel besser. Dennoch bleibt ein Rest Unsicherheit und Delia hat immer noch Bedenken, dass sie kein Wort herausbekommt, wenn ihr Vater vor ihr steht oder dass sie nur weinen muss. »Ich brauche noch mehr Hilfe«, entscheidet sie und ruft ihren Schutzengel um Beistand an. Sie kann ihn nicht sehen, aber sie hat nun ein intensives Gefühl, von seinen Lichtflügeln liebevoll eingehüllt zu sein. Jetzt fühlt sie sich sicher genug, um dem geliebten Vater gegenüberzutreten und darauf zu vertrauen, die richtigen Worte zu finden.

3. Bitten Sie eine möglichst unbefangene Person, als Stellvertreter(in) für Sie zu reisen. Eine Freundin, ein Vertrauter oder auch ein professioneller Schamane, der oder die diesen Auftrag annimmt.

Birte möchte die Beziehungsfesseln zu ihrer Mutter auflösen. Sie hat schon ein paar Mal die »Süße Rede« im Geist durchgespielt, aber jedes Mal hört sie ihre Mutter schon deren Standard-Satz sagen: »Ich hab alles geopfert für dich, und das ist jetzt der Dank?!« – und dann kann Birte einfach nicht anders und schleudert ihrer Mutter alles entgegen, was sie ihr schon immer zu der Opfernummer und dem ewigen Schuldaufbauen sagen wollte. Birte ist völlig klar: So kann es nicht funktionieren. Sie bittet mich, stellvertretend für sie als ihre Botschafterin zu reisen.

Als ich an den neutralen Ort reise und Birtes Mutter, Frau B., um Kontakt bitte, folgt sie sehr rasch meinem Ruf und möchte natürlich als Erstes wissen, wer ich bin. Ich stelle mich vor und erkläre ihr, dass ich im Auftrag ihrer Tochter Birte hier sei. Frau B.s Überraschung wandelt sich in Argwohn. »Meine Tochter weiß, dass sie mit allem zu mir kommen kann. Es gibt keinen Grund, etwas über Dritte zu klären.« Sie wendet mir den Rücken zu und macht deutlich, dass das Gespräch für sie beendet ist. Doch ich erkläre Frau B. schnell, dass Birte das natürlich wisse und schätze, aber Birte bei dieser einen Angelegenheit Angst habe, Fehler zu machen oder sich nicht angemessen zu verhalten. Frau B. reagiert und dreht sich wieder um. Ich führe diesen Punkt noch weiter aus, und nun möchte Frau B. doch wissen, um was es sich handelt.

Ihre erste Reaktion auf das Anliegen der Seelenrückgabe ist tatsächlich der von Birte so gefürchtete Standard-Satz. Da dieser Satz bei mir aber auf keine Wunde oder Verstrickung trifft, kann ich auf der Schwingung von Mitgefühl und Verstehen bleiben und Frau B.s Liebe und Einsatz für ihre Tochter würdigen. Erstaunt sieht mich Birtes Mutter an: »Sie verstehen, wie viel mir meine Tochter bedeutet und dass ich deshalb alles geopfert habe für sie?« Ich nicke – und von da an ist Frau B. ganz offen für das, was ich ihr antrage. Ich erkläre ihr, dass gerade ihre große Liebe zu dem beigetragen hat, was jede Mutter für ihr Kind will: dass es auf eigenen Beinen stehen kann und das eigene Leben lebt. Und genau das hat sie offensichtlich erreicht, denn Birte will selbstständig und erfolgreich ihr Leben angehen. Und ich erzähle ihr, dass es dabei leider so ist, dass Birte große Schuldgefühle plagen. Sie fühlt sich so sehr in der Schuld ihrer Mutter, dass sie das energetisch bindet und fesselt, sodass sie nicht frei ihrem vorgesehenen Weg folgen kann. Frau B. sieht mich erschrocken an: Das hat sie nicht gewollt.

Mit dem Zusatz, dass Birte die Seelenenergie nicht zurücktauschen will, um sich von ihrer Mutter zu entfernen, sondern um wieder mehr Nähe zulassen zu können, gibt es von Frau B.s Seite keinen Widerstand mehr. Im Gegenteil: Sie betont noch einmal, dass sie immer alles für ihre Tochter tun wird – so auch die Rückgabe der Seelenenergieteile.

Die Rückgabe läuft fließend, und Frau B. fühlt sich selbst gestärkt, als sie ihre eigenen Anteile wieder in sich aufgenommen hat. Ich zeige ihr das pulsierende Herzband, das Birte und sie nach wie vor verbindet und das jetzt immer wieder einmal zart aufleuchtet. Frau B. beginnt zu weinen, entschuldigt sich und meint, es sei nur so schön, das Band zu sehen. Wir verabschieden uns.

Birte hört aufmerksam zu, was ich ihr von der Begegnung und dem Tausch berichte. Sie ist enorm erleichtert, dass ihre Mutter nicht gekränkt oder verletzt war, und ist gespannt auf die nächste Begegnung mit ihr in der physischen Welt.

Tarik hat schon ein paar Mal versucht, die Beziehungsfäden zu seinem kürzlich verstorbenen Hund zu trennen, aber es will einfach nicht gelingen: Entweder er rutscht gedanklich weg oder er schläft ein. Und einmal ist ihm ein krampfartiger Husten dazwischen gekommen, der einfach nicht aufhören wollte … So bittet Tarik seine Freundin Lea, ihn durch den Prozess zu führen. Nach zwei Versuchen erkennen beide, dass das keine gute Idee war: Lea versucht, Tarik durch wechselnde Stimmlautstärke und Nachfragen »bei der Stange zu halten«, wodurch Tarik sich unter Druck gesetzt und abgelenkt fühlt. Lea wiederum ist genervt, dass Tarik ihre Bemühungen ständig kritisiert.

So beschließt Tarik, die Anleitung selbst für sich auf Band zu sprechen. Nach einigem Ausprobieren, was das Sprechtempo und die Pausen betrifft, ist Tarik mit dem Ergebnis nicht nur zufrieden, sondern schafft auch die sehr berührende Fädentrennung mit seinem geliebten Hundegefährten.

Nika beauftragt mich, die Beziehungsfesseln zwischen ihr und ihrem Exmann zu lösen. Sie erzählt mir, dass das überfällig sei, da sie ihren damals noch Ehemann Pierre für ihre neue Liebe verlassen hätte und sie überzeugt sei, dass es nicht nur Schuldgefühle seien, die ihr wie eine Last im Nacken säßen: »Er war so unglaublich wütend und verletzt, als ich gegangen bin! Und so glücklich ich eigentlich in meiner neuen Partnerschaft bin – ich fühle mich manchmal so sonderbar niedergeschlagen und so kraftlos, dass ich mich inzwischen ernsthaft frage, ob er mich irgendwie verflucht hat oder so etwas Ähnliches.«

Ihr Exmann habe ihr wochenlang Briefe geschrieben – abwechselnd voller schwerer Vorwürfe und dann wieder flehentlichen Bitten um einen Neuanfang. Die Briefe haben aufgehört, aber Nika fühlt sich dennoch unerklärlich schlecht und bedrückt. Sie wagt es nicht, die Fädentrennung selbst zu versuchen, weil sie sich schämt, sich schuldig fühlt und das Gefühl hat, ihren Exmann nach all dem nicht auch noch um etwas bitten zu können.

Als ich bei der Behandlung die vielen Seelenenergienanteile sehe, die Pierre gehören, aber in Nikas Lichtkörper hängen, ist mir klar, dass es sich nicht um einen Fluch handelt. Doch Pierre ist extrem niedergeschlagen, traurig und verletzt – und da seine Energie über die Beziehungsfäden ständig in Nikas Lichtkörper fließt, wird sie von seinen negativen Gefühlen spürbar beeinflusst.

Als Pierre auf mein Rufen hin erscheint und ich mich als Abgesandte von Nika vorstelle, ist er begeistert … um regelrecht zu erstarren, als ich ihm sage, warum ich hier bin. Er verschränkt die Arme vor der Brust und starrt mich weisend an: »Ich denke nicht daran. ICH wollte nie die Trennung. ICH liebe Nika – obwohl sie mich betrogen und unsere Ehe mit Füßen getreten hat. Ich will sie nicht ganz verlieren. Ich glaube immer noch, dass wir eine Chance haben!«

Als Erstes drücke ich Pierre mein Mitgefühl aus und sage ihm, dass ich weiß, wie weh es tut, einen geliebten Menschen zu verlieren. Aber Pierre verzieht keine Miene, fixiert einen Punkt irgendwo hinter meiner rechten Schulter und will mir so signalisieren, dass er nicht vorhat, von seinem Standpunkt abzuweichen. Ich erzähle ihm von den verschmolzenen Seelenenergien und was das bewirkt, aber Pierre erwidert nur, er habe an dem Gespräch kein Interesse mehr.

Ich bitte ihn noch um einen kleinen Moment, um zwei Dinge zu bedenken:
Erstens: Ob die Chance, dass Nika über eine Rückkehr nachdenkt, steigt, wenn sie weiß, dass er ihr ihre Seelenanteile verweigert und damit dafür sorgt, dass sie leidet.
Zweitens: Ob er denkt, dass er mit so viel fehlender Seelenenergie, also viel weniger Licht als er tatsächlich ist, für Nika oder eine andere Frau besonders attraktiv wirkt?
Mit zusammengekniffenen Augen sieht er mich nun direkt an – ich habe plötzlich seine volle Aufmerksamkeit. Er fragt: »Sie glauben, wenn wir unsere Seelenanteile gegenseitig austauschen, kommt Nika vielleicht zurück?«

Die Süße Rede bedeutet, jemandem sehr geschickt und einfühlsam darzulegen, warum eine Herausgabe nicht eigener Seelenenergieanteile für alle zum Besten ist – lügen oder täuschen sind dagegen absolut tabu. Darum muss ich Pierre wahrheitsgemäß antworten, dass ich nicht weiß, ob es noch eine Chance für die beiden gibt. Doch wenn es eine gibt, dann wird diese größer, wenn Pierre seine eigenen Seelenanteile wieder hat und Nika die ihren. Und auch, wenn Nika nicht zurückkehrt – ist es das wert, Nika nicht völlig unbeschwert zu wissen und dafür selbst nicht mehr heil zu sein – vielleicht sogar lange einsam zu bleiben?

Ich ziehe den Elestial mit Pierres vielen leuchtenden Seelenenergieanteilen hervor und lasse ihn das Licht sehen, das doch das Seine ist.
Pierre starrt nachdenklich auf den Stein. Es ist lange still zwischen uns. Dann sieht er mich an und nickt langsam. »Sie sind einverstanden?«, frage ich vorsichtig. »Ja«, antwortet Pierre leise. Ich nicke und beginne mit der Ablösung von Nikas Anteilen.

REISEANLEITUNG FÜR DIE RÜCKHOLUNG DER EIGENEN SEELENENERGIETEILE

Wenn Sie jetzt bereit sind, Ihre Beziehungsperson zu treffen und die eigenen Seelenenergieteile zurückzuholen, versichern Sie sich bitte, dass der Stein, in dem Sie die Seelenenergie Ihres Gegenübers aufbewahren, griffbereit, aber verschlossen in seinem Behältnis zu Ihrer Linken ruht.

Versichern Sie sich auch, dass der 2. Stein griffbereit in oder neben seinem Behältnis zu Ihrer Rechten liegt.

Nehmen Sie nun den 2., noch »freien« Stein (Bergkristall oder 2. Elestial) zur Hand.

Blasen Sie Ihren Auftrag hinein, Ihre eigenen Seelenenergieanteile bei der Beziehungsperson zu finden und aufzunehmen. Dann halten Sie den Stein ein paar Momente lang an Ihr Herz mit der inneren Ausrichtung, den Stein mit Ihrer unverwechselbaren Seelenenergie zu informieren.

Legen Sie ihn dann wieder griffbereit zu Ihrer Rechten.

Legen oder setzen Sie sich bequem hin.

Wichtig bei der Sitzposition ist, dass Ihre Wirbelsäule gerade ist. Breiten Sie eine Decke über sich und, wenn Sie zu kalten Füßen neigen, legen Sie sich eine Wärmflasche an die Füße. Zwischen den Welten ist es oft erstaunlich kühl, und wenn Sie frieren, werden Sie sich schlechter oder gar nicht auf die intensiven Prozesse einlassen können.

Atmen Sie mehrmals tief und bewusst ein und wieder aus.

Lassen Sie sich von Ihren Atemzügen nach innen tragen.

Immer tiefer und tiefer, bis Sie ganz bei sich angekommen sind.

Nun stellen Sie sich eine große Kugel aus reinem Licht vor.

Treten Sie in dieses wunderbare Licht ein. Die Kugel wird Sie sanft, sicher und ganz direkt zu Ihrem neutralen Ort bringen.

Sobald Sie angekommen sind, treten Sie aus der Lichtkugel und sehen sich sorgfältig um:

Ist alles zu Ihrer Zufriedenheit?

Sollten Sie noch etwas verändern wollen, um sich bei dem Treffen mit Ihrem Beziehungspartner möglichst ruhig und sicher zu fühlen, tun Sie das. Fallen Sie aber nicht auf den Trick herein und beginnen nun mit endloser Feinarbeit oder Aufrüstung zu einer Art Hochsicherheitstrakt. Das ist eine reine Ablenkungsstrategie, die Ihrer Angst, Aufregung oder der inneren Widerstände, die vielleicht doch noch nicht ganz loslassen wollen, entspringt. Denken Sie daran: Sie sind nun auf der Seelenebene und nicht an physische Gesetze gebunden. Wenn Sie den Ort verlassen bzw. das Treffen abbrechen wollen, brauchen Sie es nur zu wünschen, und schon sind Sie wieder im Hier und Jetzt. Zudem befinden Sie sich hier an einem besonderen Ort zwischen den Welten, der auf der Energiefrequenz des Friedens schwingt. Sie haben nichts zu befürchten. Es ist gut.

Bitten Sie nun darum, dass Ihr »guter Geist« für das geplante Treffen erscheint. Wenn Sie sich für einen vertrauten Helfer wie Ihr Krafttier, Schutzengel, Vorfahre, etc. entschieden haben, rufen Sie diesen zu sich. Ansonsten bitten Sie um einen Helfer, der Sie bei dem Treffen bestmöglich unterstützen kann. Vertrauen Sie der Erscheinung, die sich zeigt, auch, wenn deren Gestalt für Sie vielleicht überraschend sein mag.

Begrüßen Sie Ihren Helfer und Hüter und bedanken Sie sich für sein oder ihr Kommen.

Erzählen Sie ihm, wen Sie gleich treffen werden und warum.
Bitten Sie darum, dass Ihr Helfer/Ihre Helferin Sie bestmöglich in dem Vorgehen unterstützt. Wenn Sie wünschen, dass Ihr Helfer/Ihre Helferin in eine bestimmte Position geht – hinter oder neben Ihnen steht, Körperkontakt hält oder Sie in sein Licht hüllt – sagen Sie ihm/ihr das.

Sobald Sie sich dann bereit fühlen, nehmen Sie den Stein zu Ihrer Linken (1. Elestial bzw. Rosenquarz) zur Hand, der die Seelenenergie Ihrer Beziehungsperson enthält. Halten Sie ihn hoch, und nehmen Sie wahr, wie die Lichtfäden von der Seelenenergie im Stein in eine bestimmte Richtung laufen und sich dann in der Ferne oder im Nichts zu verlieren scheinen. Diese Lichtfäden sind natürlich die Verbindungsfäden zu deren Eigentümer, also zu der Beziehungsperson, die Sie rufen bzw. treffen wollen. Bitten Sie die entsprechende Person, hier zu Ihnen an den neutralen Ort zu kommen – das können Sie in Gedanken sagen oder auch laut aussprechen. Die eigene Seelenenergie hat große Anziehungskraft auf ihren Eigentümer und zieht ihn entsprechend an.

Sollte sich die Person auch nach mehrmaligem Rufen nicht einstellen, ziehen Sie ein paar Mal sanft an den Lichtfäden, um Aufmerksamkeit zu bekommen.

Sobald Ihre Beziehungsperson erschienen ist – in welcher Gestalt oder Klarheit auch immer –, bedanken Sie sich für ihr Erscheinen. Ganz wichtig: Halten Sie nun den Stein mit den Seelenenergieteilen Ihres Gegenübers fest umschlossen und nicht sichtbar in Ihrer Hand.

Tragen Sie nun dem oder der anderen Ihr Anliegen vor. Sagen Sie, dass Sie Ihre Seelenenergieanteile, die bei der Trennung unabsichtlich hängen geblieben sind, wieder zurück haben möchten und dass Sie auch Ihrerseits diejenigen Anteile zurückgeben möchten, die zu Ihrem Gegenüber gehören. Und vor allem: Erklären Sie, warum Sie das möchten.

Es kann sein, dass Ihr Gegenüber sofort einverstanden ist und der Übergabe bereitwillig zustimmt. Dann bedanken Sie sich.

Gestaltet sich die Überzeugungsarbeit dagegen nicht so flüssig, ziehen Sie Ihr Ass aus dem Ärmel bzw. Ihren Stein aus der Hand. Halten Sie als Anreiz den Stein mit ihren/seinen Seelenenergien hoch, sodass Ihr Gegenüber ihn gut wahrnehmen kann – lassen ihn dann aber schnell wieder in Ihrer geschlossenen Hand verschwinden.

Auch jetzt ist noch einmal die »Süße Rede« angebracht, indem Sie nämlich ausführen, wie Ihr Gegenüber von einem Rückerhalt der eigenen Seelenenergieteile profitiert (mehr Energie, Ganzheit, Lebendigkeit, ein ganzer Mann/ eine ganze Frau sein, über das vollständige Seelenpotenzial verfügen, Freiheit, etc.).

Ich habe noch nie erlebt, dass dieser Tauschanreiz versagt hat.

Sobald Ihr Gegenüber in den Tausch eingewilligt hat, nehmen Sie mit der freien Hand den »freien« Stein zu Ihrer Rechten (Bergkristall oder 2. Elestial) und kündigen an, dass Sie nun zuerst Ihre Seelenenergieteile zurückholen werden und sich Ihr Gegenüber mit der inneren Ausrichtung, diese loszulassen, darauf einstellen soll. Sollte Ihr Gegenüber kritisch nachfragen, warum er oder sie nicht gleich die eigenen Seelenenergieteile zurückerhält, antworten Sie, dass Sie ja seine/ihre Anteile bei sich bereits abgelöst und »tauschbereit« dabei hätten.

Halten Sie den Stein in Richtung Beziehungsperson, und fordern Sie den Stein innerlich auf, sein Werk zu beginnen und diejenigen Seelenenergieteile, die zu Ihnen gehören, abzulösen. Beginnen Sie auf der Höhe des Kopfes Ihrer Beziehungsperson, und führen Sie ab da den Stein ganz langsam abwärts. Nehmen Sie wahr, wie die Teile Ihrer Seelenenergie aus dem Lichtkörper Ihres Gegenübers in den Stein gesogen werden. Sobald eine Region fertig ist und es nichts mehr aufzusaugen gibt, führen Sie den Stein weiter nach unten, bis Sie schließlich an den Füßen angekommen sind.

Sie können auch, wenn Sie nicht ganz sicher sind, mehrmals die Körperlinie von oben nach unten abfahren.

Sind alle Seelenenergieteile abgelöst und im Stein, legen Sie den Stein in sein Behältnis zurück. Wenn Ihnen das mit geschlossenen Augen nicht möglich ist oder es Sie aus Ihrer Konzentration werfen würde, schieben Sie den Stein einfach unter sich oder stecken ihn in Ihre Jacken- oder Hosentasche. Wichtig ist einfach, dass der Stein mit seinem kostbaren Inhalt für die Zeit, die Sie noch mit Ihrem Gegenüber beschäftigt sind, sicher aufgehoben ist.

Bedanken Sie sich bei Ihrem Gegenüber. Holen Sie jetzt noch einmal den Stein mit seinen/ihren Seelenenergieteilen hervor (Rosenquarz, 1. Elestial) und kündigen Sie Ihrer Beziehungsperson an, dass Sie ihr jetzt ihre Seelenenergien zurückgeben.

Halten Sie den Stein vor das energetische Herz (das Herzchakra) Ihres Gegenübers, und bitten innerlich den Stein, die Seelenenergie jetzt abzugeben/auszustoßen.
Meist kann man bei diesem Akt gut wahrnehmen, wie goldene Energieformen aus dem Stein zu ihrem Eigentümer zurückströmen.

Sobald der Stein leer ist, verabschieden Sie sich – mit so viel positiver Energie, wie für Sie möglich und stimmig ist. Das kann von einem Segenswunsch bis zur Umarmung reichen.
Ihre Beziehungsperson verschwindet.
Legen Sie den Stein zurück an Ihre linke Seite.

Wenden Sie sich nun Ihrem Krafttier oder Seelenhelfer zu, bedanken Sie sich bei ihm oder ihr und verabschieden sich.

Nehmen Sie nun wieder die Lichtkugel wahr, die Sie hergebracht hat.
Treten Sie in die Lichtkugel ein. Sie bringt Sie nun wieder ins Hier und Jetzt zurück.

Atmen Sie einmal tief ein und aus.

Halten Sie die Augen noch geschlossen.
Bewegen Sie behutsam Finger und Zehen.
Recken und strecken Sie sich …

… und öffnen Sie jetzt die Augen.

Willkommen im Hier und Jetzt!

Teil 3: Die eigenen Seelenenergieteile wieder in sich aufnehmen

Nun bleibt noch ein Letztes zu tun:

Holen Sie den Stein mit Ihren eigenen Seelenenergieteilen hervor.
Halten Sie den Stein an Ihr Herz(-chakra), und geben Sie ihm den inneren Befehl, die Seelenenergien auszustoßen.

Nehmen Sie wahr, wie die Teile wieder in Sie hineinströmen und an ihren ursprünglichen Platz finden. Sie müssen das nicht »sehen« – oft ist es ein Fühlen oder ein inneres Wissen.
Genießen Sie es!

Sobald das ganz geschehen ist, können Sie den Stein beiseitelegen.

Herzlichen Glückwunsch – Sie haben es geschafft: Die Beziehungsfesseln sind gelöst!

Vielleicht wollen Sie noch ein Weilchen nachspüren, vielleicht einfach ausruhen oder einschlafen. Wenn nicht, empfehle ich Ihnen, reichlich Wasser oder Tee zu trinken.

Wann immer Sie wieder Aufmerksamkeit dafür haben, reinigen Sie beide Steine unter fließendem Wasser.

Um den Prozess des Beziehungsfädenlösens konzentriert durchführen zu können, sprechen Sie den Text entweder auf ein Aufnahmegerät und spielen ihn dann jeweils ab oder lesen Sie sich die Reiseanleitungen so oft durch, bis Ihnen der Ablauf klar und geläufig ist.

Dafür hier noch einmal die

KURZANLEITUNG als Gedächtnisstütze:

Teil 1:
Seelenenergien der Beziehungsperson aus Ihrem Lichtkörper lösen

- Informieren Sie Ihren 1. Stein mit der Person, mit der Sie Fäden lösen wollen
- sowie mit dem Auftrag, deren Seelenenergien in Ihrem Lichtkörper zu finden und aufzunehmen.
- Scannen Sie sich mit dem Stein von Bauch bis Kopf sowie Beine und Arme, und lassen Sie den Stein die Seelenenergieteile absaugen.
- Legen Sie den Stein in sein Behältnis zurück und dieses auf Ihre linke Seite.
- Informieren Sie den 2. Stein mit dem Auftrag, Ihre eigenen Seelenenergieteile zu finden und aufzunehmen, halten Sie ihn an Ihr Herz, und informieren Sie ihn mit Ihrer Herzenergie.
- Im Anschluss legen Sie ihn wieder griffbereit an Ihre rechte Seite.

Achtung, bitte merken: *Der Stein mit den Seelenenergieanteilen der Beziehungsperson liegt links. Der Stein für Ihre eigenen Seelenenergieteile liegt rechts.*

Teil 2:
»Süße Rede« – die eigenen Seelenenergieteile zurückholen

- Reisen Sie an Ihren neutralen Ort, und treffen Sie dort Ihren Helfer.
- Rufen Sie mithilfe des Steins Ihre Beziehungsperson.
- Überzeugen Sie sie davon, dass ein Austausch der Seelenenergieteile für beide das Beste ist.
- Nehmen Sie den 2. Stein, der rechts liegt, zur Hand, und lassen Sie ihn Ihre eigenen Seelenenergien von Ihrem Gegenüber absaugen – von oben nach unten.

- Bedanken Sie sich.
- Bringen Sie den Stein in Sicherheit.
- Geben Sie Ihrer Beziehungsperson jetzt deren Seelenenergieteile zurück:
- Halten Sie den 1. Stein mit dessen Seelenenergien vor sein Herz(-chakra), und lassen Sie den Stein die Seelenenergien ausstoßen.
- Verabschieden Sie die Beziehungsperson.
- Bedanken und verabschieden Sie sich von Ihrem Helfer.
- Lassen Sie sich von der Lichtkugel ins Hier und Jetzt zurücktragen.

Teil 3:
Die eigenen Seelenenergien wieder in sich aufnehmen

- Halten Sie den Stein mit Ihren Seelenenergieteilen an Ihr Herz, und lassen Sie ihn die Energien ausstoßen.
- Nehmen Sie wahr, wie Ihre Seelenenergieteile wieder in Sie hineinströmen und ihren Platz einnehmen.
- Legen Sie den Stein zur Seite.
- Reinigen Sie abschließend alle Steine unter fließendem Wasser.

Wenn Sie den Prozess des Beziehungsfädenlösens ein paar Mal durchdacht oder sogar durchgeführt haben, fragen Sie sich vielleicht, was der ganze Kladderadatsch mit Überzeugungsarbeit und »Süßer Rede« eigentlich soll. Warum kürzt man das Ganze nicht ab und macht einen knallharten Deal?

Dafür gibt es drei gute Gründe:

1. Wir versuchen deshalb, den anderen zu überzeugen und einen Austausch »im Guten« zu vollziehen, weil es im Endeffekt nicht umständlicher, sondern einfacher ist. Wenn ich den anderen nicht mit »im Boot« habe und er nur widerwillig die Seelenenergieteile rausrückt, muss ich damit rechnen, dass er eventuell versucht zu tricksen und wenigstens ein paar meiner Anteile zurückzuhalten. Das zu kontrollieren, ist richtig aufwendig und für jemanden, der in Energiearbeit nicht ausgebildet ist oder noch nicht viel Erfahrung hat, immer ein Unsicherheitsfaktor.

2. Bei gewissen Beziehungskonstellationen kann es sein, dass Ihre Beziehungsperson zwar eine ganz schöne Anzahl von Seelenenergieteilen von Ihnen bei sich hat, in Ihrem Lichtkörper aber nur ein oder ganz wenige Anteile des anderen haften. Das heißt im Klartext: Es kann sein, dass Sie als Tauschmittel nicht besonders viel zu bieten haben – eventuell so wenig, dass es Ihr Gegenüber nicht kratzen würde, wenn er sie nicht zurückerhält. Dann ist die »süße Rede« umso wichtiger.

3. Gerade wenn Kränkungen, Verletzungen oder Schuldgefühle mit im Spiel sind, kann der einvernehmliche Austausch heilende Energien freisetzen, die für beide wunderbar wirken.

Zum Thema »verletzt sein« noch etwas: Sind die Wunden, die man uns zugefügt hat, entsprechend tief, können aus diesem Verletztsein heraus Gefühle und Gedanken entspringen, die man sich im »Normalzustand« nicht zugetraut hätte. So kann es durchaus sein, dass die Idee hochkommt, den anderen einmal spüren zu lassen, wie das ist, betrogen, verraten und benutzt zu werden. Man könnte doch den Austausch versprechen, aber dann, wenn die eigenen Seelenenergieteile sicher im Stein sind, den anderen freundlich anlächeln und sagen »Ja, und dann siehst du mal, wie das ist« und sich samt dessen Seelenenergien aus dem Staub machen.

Sollte jemals in Ihnen so ein Gedanke aufkommen, schieben Sie ihn energisch zur Seite! Ein solches Manöver kann zum einen dazu führen, Sie noch auf ganz andere Art an den anderen zu binden, und zusätzlich erzeugt missbräuchliches Verhalten zwischen den Welten Auswirkungen, die ich weder Ihnen noch irgendjemand anderem wünsche.

Beziehungsfesseln aus Versprechen

Für mich ist es im Sinne der kollektiven Heilung der Mann-Frau-Beziehung immer wieder ein Geschenk, wenn Frauen zum Fädenziehen kommen, die in ihrer Ehe seelisch und/oder körperlich misshandelt werden. Und ich werde nie die Frau vergessen, die mir mit Tränen in den Augen gegenüber saß und sagte: »Die Leute meinen immer, die Frauen verlassen einen Mann nicht, der misshandelt, weil sie Angst haben oder sich schämen. Aber für mich ist es anders. Ich habe keine Angst zu gehen. Ich WILL gehen. Aber es ist, wie wenn ich an einer Kette hängen würde. Ich kann mich nur für bestimmte Zeit oder bis zu einer bestimmten Entfernung von meinem Mann wegbewegen – dann zieht es mich zurück wie an einer Rollleine.«

Sowohl bei dieser Frau als auch bei einigen anderen misshandelten Klientinnen, die tatsächlich sehr mit Scham und noch mehr mit Todesangst um ihr Leben oder das der Kinder kämpfen mussten, habe ich eingewoben in die oft armdicken Beziehungsfäden Gelübde und Versprechen gefunden. Und zwar fast bei jeder sinngemäß die gleichen bzw. eines von beiden:

Ich werde deine Verletzungen/
dunkle Seite mit meiner Liebe heilen.

und

Ich halte dich aus,
egal wie (dunkel/verletzend/böse) du bist.

Auch, wenn Sie eine Frau oder ein Mann sind, die oder der keinerlei Misshandlung in der Beziehung erlebt (hat), überspringen Sie bitte den folgenden Absatz nicht. Er könnte eine neue Qualität in Ihre Beziehung bringen oder eine befreiende Veränderung in das Leben anderer.

Feminine Energien – und somit vor allem Frauen – tragen eine sehr ursprüngliche Aufgabe in sich: das Männliche/den Mann kraft ihrer Liebe zu halten und ihn mit ihrem Licht zu nähren und zu stützen. In Zeiten, in denen diese Aufgabe noch ganz bewusst und allgemein praktiziert wurde, hielten die Frauen zu Hause, wenn der Mann zu einer besonderen Aufgabe oder Herausforderung in die Welt hinaus musste – sei es Jagd, sei es Kampf, sei es Entdeckung neuer Lebensräume – bewusst und konzentriert die Verbindung zu ihren Männern über ein energetisches Lichtband. Über dieses Band, diese energetische Leitung, ließen sie dem Mann Energie zufließen bzw. bekamen mit, wenn er eine solche Zuwendung nötig hatte, weil er verletzt oder in großer Gefahr war, körperliche Entbehrungen überwinden oder über seine Grenzen hinausgehen musste. Auch Priesterinnen und Priester/Schamaninnen und Schamanen, die für das Wohl des Landes verantwortlich waren, arbeiteten bei wichtigen Anlässen oft in dieser Paarkonstellation. Dabei versenkte sich die Priesterin in Trance, um dieses spezielle Band zu ihrem Priester -»Kollegen« aufzubauen, das bei Liebespaaren ganz selbstverständlich vorhanden ist, und stellte damit eine »Standleitung« zwischen ihnen her, durch die sie ihm auch in der Ferne ihre speziellen Kräfte zur Verfügung stellen und ihm immer genau das zusenden konnte, was aktuell vonnöten war.

Erstaunlicherweise habe ich das lebendige Praktizieren dieser ursprünglichen »Paar-Magie« (wenn auch ins Negative pervertiert) an einem Ort gefunden, wo ich es wirklich nicht vermutet hätte. Eine große Gruppierung von Motorradrockern hat ein Ritual, das sehr an die Ritterturniere zu König Artus' Zeiten erinnert: Die Männer müssen in bestimmten zeitlichen Abständen ihre Kunst und Fähigkeit unter Beweis stellen, indem sie ein herausforderndes Stück Straße ausschließlich auf dem Hinterrad ihres Bikes fahren. Als einer der Biker dabei die Kontrolle verlor und stürzte, hinkte er nach Hause, rief nach seiner Freundin und verpasste ihr eine saftige Ohrfeige. Auf die Frage eines Journalisten, warum er das denn jetzt getan hätte, antwortete er achselzuckend, es sei ihre Aufgabe gewesen, ihn bei der Fahrt mit ihrer Kraft zu halten, und sie habe sich wohl ablenken lassen und sei nicht konzentriert genug gewesen.

Sie sehen: Es ist in Frauen tief verankert, das Tun des Mannes in ihrer Liebes-kraft zu halten und darüber zu nähren. Doch angelegt und früher genau so praktiziert wurde dies als Teamarbeit, völlig im Gleichgewicht von Geben und Nehmen. So war es im Gegenzug die ursprüngliche Aufgabe der maskulinen Energie/des Mannes, die Frau/weibliche Energien zu hüten und ihr Licht zu schützen. Aber durch so viele Zeitflüsse hindurch, in denen dieses Wissen und Tun größtenteils verschwand und so vieles zwischen maskuliner und femini-ner Energie aus dem Gleichgewicht geraten ist, praktizieren Frauen (wie auch Männer) dieses wunderbare Tun oft nicht mehr in seiner heilen Gestalt – nicht bewusst, nicht frei gewählt, sondern durch Generationen und kollektives Er-leben ererbt und geformt.

So wird aus dem heilbringenden
»Ich halte dich.«

ein unheiles
»Ich halte dich aus.«

Dieses »Aushalten« beinhaltet, dass Negatives, Unheiles, Verletzendes, Belas-tendes, etc. hingenommen wird. Und dies bewirkt bei den Frauen natürlich die starke Motivation, dieses »Aushalten« möglichst gering zu halten. Und wie macht frau das? Da sie meist physisch oder »machtmäßig« unterlegen ist, versucht sie, die dunkle Seite des Mannes möglichst in Schach zu halten und ihr wenig Anlass zu geben, hervorzubrechen. Also setzen Frauen enorm viel Energie und Mühe darein, den Mann »bei Laune« zu halten, Schönwetter zu machen, veranstalten um seine Empfindlichkeiten einen Eiertanz, neh-men die eigenen Bedürfnisse stark zurück und verbiegen sich völlig, damit er glücklich und zufrieden ist und es möglichst wenig auszuhalten gibt.

Schütteln Sie vielleicht gerade ungläubig den Kopf? Bevor Sie das weit von sich selbst weisen oder diese Frauen als schwach aburteilen, schauen Sie sich Ihre eigene Beziehung und den Tanz der männlichen und weiblichen Energien in Ihrem Leben genau an. Es ist enorm »verführerisch« für Frauen, dieser Taktik zu folgen, und es hat weder etwas mit Stärke und Schwäche, noch mit Unterwürfigkeit oder Dummheit zu tun. Prüfen Sie, ob es immer wieder Situationen gibt, in denen Sie in der Gegenwart Ihres Partners das Gefühl haben, bestimmte Gesichtsausdrücke oder Körperhaltungen lösen in Ihnen eine kleine Alarmglocke aus (Achtung, Schlechte-Laune-Alarm! Alle auf den Boden legen, und keiner rührt sich …) oder in denen Sie innerlich beginnen, sich anzuspannen, auf der Hut zu sein oder plötzlich besonders heiter und fröhlich zu werden?

Haben Sie bei Ausflügen oder gemeinsamen Unternehmungen ein Zaubermittel für ihn in der Handtasche? Ich kenne jede Menge richtig guter Ehen, in der von unangebrachter männlicher Dominanz weit und breit nichts zu sehen ist – aber die Frau hat in ihrer Handtasche immer einen Schokoriegel »für den Notfall«, weil der Gatte nämlich schwer zu haben ist, wenn er Hunger hat. Oder sind die Schokoriegel zum Bestechen und Ruhigstellen der Kinder,

damit sich nicht von dieser Seite her ein Gewitter bei IHM zusammenbraut? Der Schokoriegel ist natürlich beliebig austauschbar mit einer Wasserflasche, Traubenzucker, Blasenpflaster, Tabletten gegen Sodbrennen, und, und, und. Wenn Ihr Mann Sie darum gebeten hat, dies für ihn mitzunehmen, da Sie im Gegensatz zu ihm über eine Handtasche verfügen oder Sie es als Liebesdienst tun, ist das natürlich und schön. Tun Sie es aber hauptsächlich, weil es Ihnen ein Anliegen ist, die möglichen Gewitterwolken abzuwenden, lohnt es sich, noch einmal die obigen beiden Sätze bzw. Versprechen zu lesen und dann nach einem Lichtband Ausschau zu halten, in das einer oder beide eingewebt sind. Und wenn Sie so ein Beziehungsband entdecken, ist das auch in keiner Weise schlimm, ein Zeichen für eine schlechte Partnerschaft oder ein Makel Ihrer Charakterstärke. Das Lohnende daran, so ein Band zu entdecken und zu lösen, ist, dass es einige bisher unbewusste Reibungspunkte, Empfindlichkeiten oder Aggressionen aus der Beziehung nimmt und sie damit noch schöner und stärker macht.

Waren Ihnen jedoch die oben genannten Versprechen durchaus vertraut und/oder Sie sind sich bewusst, dass Sie in einer Beziehung diejenige/derjenige sind, die/der aushält und Selbstzerstörung in Kauf nimmt, um den anderen heilen zu wollen, dann kann die Lösung dieses Lichtbandes der Schlüssel dazu sein, sich in vielerlei Hinsicht ein neues Leben zu ermöglichen[6].

Weitere Versprechen, die Beziehungsfäden zwischen den Seelen knüpfen und zu fatalen Beziehungsfesseln werden können, sind diese und ähnlich lautende – und sie werden bei Weitem nicht nur von Frauen gegeben:

- Meine Liebe zu dir ist stärker als alles andere.
- Nichts kann meine Liebe zu dir verändern/zerstören/schwächen.
- Ich werde dich niemals verlassen/alleinlassen.

6   Natürlich ist es eine Befreiung, die Beziehungsfesseln zum Partner zu lösen. Vielleicht ermöglicht dies endlich den Absprung – ob in ein Frauenhaus oder dorthin, wo Hilfe für einen Neuanfang geboten wird. Doch um dauerhaft zu verhindern, dass mit dem nächsten Mann wieder ein Misshandlungsmuster gelebt wird, sollte geprüft werden, ob nicht zusätzlich noch ein bindender Seelenvertrag zugrunde liegt.

- Ich stehe zu dir, egal, was geschieht.
- Ich werde alles wiedergutmachen, was andere Männer/Frauen dir angetan haben.
- Ich schütze dich, wo auch immer du bist.
- Ich werde dir beweisen, dass ich deiner Liebe wert bin bzw. die/der Richtige für dich bin.

Und natürlich gibt es im wahrsten Sinne des Wortes bindende Versprechen, die zwar auf Gegenseitigkeit beruhen, doch nach einer Trennung immer noch wirksam sind: Ehegelübde.

Eheversprechen sind sehr machtvoll und erschaffen besonders starke Beziehungsfäden. Zum einen, da sie von beiden Partnern gegeben werden, und zum anderen, da sie durch das heilige und uralte Ritual der Hochzeit mit einem Vielfachen an Kraft aufgeladen sind. Kommt es in unserer Kultur, die so sehr auf die sichtbare Welt reduziert, zur Trennung oder Scheidung, fallen dabei elementare energetische bzw. physikalische Gesetze einfach unter den Tisch: Obwohl der Bund auf drei Ebenen geschlossen wurde – der juristischen, der rituellen/göttlichen und der energetischen Herzebene – wird bei der Scheidung von ca. 98 % der Paare lediglich das juristische Band gelöst. Würden einfach alle drei Bänder gelöst werden, würde sich das »Danach« für viele Paare und deren Kinder leichter gestalten. Auch und gerade bei homosexuellen Verpartnerungen sind oft die Beziehungsfäden bzw. -fesseln stark ausgeprägt, da Homosexuelle so lange auf die Möglichkeit der offiziellen Eheschließung warten mussten sowie früher meist in einem Umfeld lebten, das kurzlebige Beziehungen und schnelle Partnerwechsel mit sich brachte. Daher werden hier oft Verpartnerungsversprechen mit spezieller Intensität gegeben.

In diesem Sinne noch einmal meine Empfehlung: Auch wenn Ihre Scheidung lange her ist – wurde sie lediglich juristisch getrennt, spüren Sie nach, ob eine Fädenlösung für Sie stimmig ist. Manchmal kann das auch nach langer Zeit in ganz ungeahnter Weise bzw. überraschenden Lebensbereichen eine positive Veränderung bewirken.

BEZIEHUNGSFÄDEN MIT EINGEWOBENEN VERSPRECHEN LÖSEN

Sie brauchen:
- einen Elestial bzw. Bergkristall mit einer deutlich ausgeprägten Spitze
- einen Zettel und einen funktionierenden Stift
- ein feuerfestes Gefäß wie z. B. einen Kochtopf sowie Streichhölzer oder Feuerzeug
- nach Wunsch ein Glas Wasser

Nachdem diese Art von Versprechen überwiegend von Frauen an Männer gegeben wird, wird die Anleitung aus der Sicht einer Frau gegenüber einem Mann beschrieben. Falls Sie als Mann betroffen sind, oder das Versprechen einer Frau galt, gilt die Anleitung natürlich ebenfalls.

Informieren Sie Ihren Stein mit dem Mann, zu dem Sie die Beziehungsfessel trennen wollen, indem Sie ihn sich vorstellen und diese Erinnerung sowie seinen Namen (Vorname reicht, wenn Nachname nicht bekannt) oder markante Merkmale in den Stein blasen (maximal 3 Mal).
Wenn Ihnen das Versprechen, das Sie an ihn bindet, bekannt und bewusst ist, blasen Sie auch dieses in den Stein.
Haben Sie das Gefühl, dass es ein Versprechen gibt, wissen aber nicht genau ob und welches, blasen Sie den Auftrag in den Stein, Beziehungsfäden mit eingewebten Versprechen anzuzeigen.

Setzen oder legen Sie sich nun entspannt hin. Den informierten Stein haben Sie in der Hand.

Atmen Sie mehrmals tief und bewusst ein und wieder aus.

Lassen Sie sich von Ihren Atemzügen nach innen tragen.
Immer tiefer und tiefer, bis Sie ganz bei sich angekommen sind.

Nehmen Sie den Stein, und führen Sie ihn langsam und Stück für Stück über Ihren Körper – nicht auf der Haut, sondern ein paar Zentimeter über dem Körper.

Achten Sie auch hier wieder darauf, über welchen Wahrnehmungskanal Sie die Anzeige Ihres Steins erkennen: Sehen Sie mit Ihrem inneren Auge die Bänder oder ein Aufleuchten, an der Stelle, an der sich ein Band mit einge-wobenem Versprechen befindet? Gibt es eine Temperaturwahrnehmung wie wärmer oder kälter, sobald der Stein ein entsprechendes Band gefunden hat, eine Körperempfindung wie Gänsehaut, Kribbeln oder Muskelanspannung oder geht es bei Ihnen über Hören – eine innere Stimme sagt z. B. »hier ist es« – oder es gibt einfach ein inneres Wissen?

Wenn Sie das Versprechen schon kennen:
Wie auch immer Sie wahrnehmen – sobald das Band gefunden ist, folgen Sie diesem Faden bis einige Zentimeter über Ihrer Bauchdecke. Richten Sie Ihr Bewusstsein darauf aus, nun mit dem Stein den Faden zu durchtrennen. Diese Absicht genügt, um eine weitere Qualität des Kristalls zu aktivieren: Aus dem Stein heraus bündelt sich Energie wie ein Laserstrahl. Richten Sie Ihr Bewusstsein auf diese Art Laser, und schneiden Sie mit dem Stein bzw. dem Laserstrahl den Faden in einer raschen, kraftvollen Bewegung durch.

Wenn Sie das Versprechen noch nicht kennen:
Vertrauen Sie auf Ihre persönliche Art der Wahrnehmung. Sobald der Stein das Band gefunden hat, richten Sie Ihre Aufmerksamkeit darauf zu lesen, was darauf steht. Auch hier gilt wieder, dass das »Lesen« auf jegliche Art geschehen kann: vom inneren Sehen eines Schriftzuges über das plötzliche »Erinnern« ei-ner Szene aus näherer oder ganz ferner Vergangenheit bis hin zu Worten, die in den Kopf kommen, oder Gedanken, die zu dem Versprechen führen. Sie müs-sen das Versprechen nicht wörtlich wahrnehmen – sinngemäß reicht völlig.

Sobald Sie das Versprechen kennen, folgen Sie dem Faden bis einige Zentime-ter über Ihrer Körperoberfläche. Richten Sie Ihr Bewusstsein darauf aus, nun mit dem Stein den Faden zu durchtrennen. Diese Absicht genügt, um eine weitere Qualität des Kristalls zu aktivieren: Aus dem Stein heraus bündelt sich Energie wie ein Laserstrahl. Richten Sie Ihr Bewusstsein auf diese Art Laser, und schneiden Sie mit dem Stein bzw. dem Laserstrahl den Faden in einer raschen, kraftvollen Bewegung durch.

Gemeinsames weiteres Vorgehen:
Wie beim Trennen einer Nabelschnur auch, »versorgen« Sie das Ende des Fadens, der bei Ihnen hängt. Dies tun Sie hier, indem Sie gedanklich heilendes goldenes Licht dort hinschicken oder es hineinatmen. Wer mit Reiki, Prana, Chi oder einer anderen Ausdrucksform der Lebensenergie arbeitet, kann wunderbar diese dazu nutzen. Sie werden feststellen, dass das Licht den Rest des Fadens dazu bringt, zusammenzuschrumpeln oder sich aufzulösen.

Lassen Sie den Stein sinken, und atmen Sie tief durch. Recken und strecken Sie sich oder bewegen Sie Finger und Zehen … und kommen Sie dann ins Hier und Jetzt zurück.

Richten Sie sich behutsam auf. Wenn Sie möchten, trinken Sie einen Schluck.

Schreiben Sie nun das Versprechen, das in den Beziehungsfaden eingewebt war, auf einen Zettel.

Nun verbrennen Sie es in Ihrem feuerfesten Gefäß im Bewusstsein, dass es damit restlos aus Ihrem Lichtkörpersystem entfernt ist.
Achten Sie darauf, dass wirklich alles Papier verbrannt ist.
Wenn Sie wollen, atmen Sie bewusst den Transformations-Rauch ein.

Sobald der Zettel ganz verbrannt ist, schließen Sie die Augen, atmen tief durch und spüren nach, wie es sich anfühlt.
Es muss nicht immer ein gutes oder erleichterndes Gefühl sein. Auch eine leichte Traurigkeit oder Leere sind direkt danach normal und logisch nachvollziehbar.

Die Asche können Sie als Blumendünger verwenden.

Trinken Sie ausgiebig (alkoholfrei), und reinigen Sie den Stein unter fließendem Wasser.

KURZANLEITUNG
DURCHTRENNUNG VON BEZIEHUNGS-FÄDEN MIT EINGEWEBTEM VERSPRECHEN:

1. Informieren Sie einen Elestial oder Bergkristall mit Spitze mit dem Mann, zu dem Sie die Fessel trennen wollen sowie, wenn bekannt, das Versprechen.

2. Blasen Sie den Auftrag in den Stein, das Versprechensband zu diesem Mann aufzuspüren und es Ihnen anzuzeigen.

3. Führen Sie den Stein über Ihren Körper, und nehmen Sie die Anzeige für das entsprechende Beziehungsband wahr.

4. Aktivieren Sie durch die gedankliche Anweisung den »Licht-Laser« des Steins.

5. Folgen Sie dem Lichtfaden bis einige Zentimeter über Ihren Körper, und schneiden Sie ihn in einer raschen, kraftvollen Bewegung durch.

6. Versorgen Sie das Fadenende mit heilendem Licht.

7. Kommen Sie ins Hier und Jetzt zurück, und schreiben Sie das eingewebte Versprechen auf.

8. Verbrennen Sie den Zettel.

9. Reinigen Sie anschließend den Stein unter fließendem Wasser.

Der Mann, der goldene Eier legt –
Energetische Verbindung durch Sexualfäden

Eine ganz besondere Quelle von Beziehungsfäden ist Sex bzw. die ekstatische Energie. Denn nicht nur der physische Körper ist ein Wunderwerk an Zusammenspiel und Möglichkeiten, auch auf der Lichtkörperebene zeigt sich auf faszinierende Weise, wie sinnvoll und wunderbar die Vereinigung von Mann und Frau angelegt ist:

Beim Geschlechtsverkehr wird ein sehr effektiver »Lichtertausch« aktiviert. Mit dem Aufbau ekstatischer/orgiastischer Energie beim Mann wird gleichzeitig ein »Ei« aus purer männlicher Lichtenergie in der Scheidenregion der Partnerin abgesetzt. Ich nenne diese golden leuchtenden Kraftpakete »Eier«, weil ich sie in einer Form ähnlich wie ein Ei wahrnehme und sie zusätzlich eine ähnliche Funktion erfüllen: Ein solches Ei stellt der Frau einen hoch dosierten Kraftschub zur Verfügung, der sie, sollte aus der Vereinigung ein Kind entstehen, mit dieser Energie in der kräftezehrenden Zeit der Schwangerschaft unterstützt und zusätzlich schützendes Licht um das werdende Leben legt. Wird das goldene Licht-Ei nicht für ein heranwachsendes Kind gebraucht – einfach, weil der Sex in nicht fruchtbarer Zeit stattgefunden hat oder die Sexualkraft ganz bewusst anders genutzt wird – stärkt und schützt es den Lichtkörper der Frau mit männlicher Energiequalität, auch Himmelsenergie[7] genannt.

Es ist ein immer wieder gern verwendetes Motiv in Filmen und Büchern und im Alltag Anlass für viele Scherze und Kommentare, dass eine Frau nach gutem Sex richtiggehend strahlt bzw. eine stärkere Ausstrahlung hat. Nachdem Sie über das Geschenk der goldenen Sex-Eier und deren Wirkung Bescheid wissen, ist es für Sie leicht nachvollziehbar, dass der Lichtkörper einer Frau danach deutlich stärker strahlt.

---

7   in Ergänzung zu weiblicher Erdenergie; siehe auch Vater Himmel-/Mutter Erde-Energie

Da jedoch alles Heile in unserem Universum Gleichgewicht und damit harmonischer Austausch bedeutet, kann natürlich nicht nur der Mann beim Sex der energetisch Gebende sein. Was bekommt er also im Austausch für sein goldenes Ei?

An diesem Ei ist eine Verbindungsleitung wie eine Nabelschnur oder ein Schlauch mit einer Öffnung angebracht. Diese energetische Nabelschnur führt zum Mann.

Im Scheidenbereich der Frau gibt es eine Art energetische Knospe. Über sexuelle Erregung, Zärtlichkeit, sinnlichen Genuss, Liebesenergie und/oder den weiblichen Orgasmus öffnet sich diese Knospe wie zu einer Blüte und gibt weibliches Silberlicht ab. Die goldenen Licht-Eier des Mannes werden immer möglichst nahe an dieser Knospe platziert, denn wenn sie sich öffnet und das Silberlicht zu fließen beginnt, wird es zu der Schlauchöffnung gesogen und fließt durch diese Energieleitung dem Mann zu. Diese reine weibliche Erdenergie nährt die Hüter- und Erschafferqualitäten des Mannes. Zusätzlich verbindet es ihn mit Mutter Erde, mit Geborgenheit und dem Wissen von Zugehörigkeit und Zuhause.

Dieses weibliche Silberlicht ist – ebenso wie das Goldlicht des männlichen Eies – von extrem hoher Schwingung, also sozusagen allerfeinster Energiequalität. Das Silberlicht fließt so lange, bis die Energieabgabe des Mannes in Form des Licht-Eis wieder ausgeglichen ist. Das bedeutet, es findet ein Lichtertausch von kostbarster Rein-Energie statt, wobei jeder das schenkt, wovon er viel hat (Mann gibt männliche Energie, Frau gibt weibliche), und jeder das geschenkt bekommt, von dem er weniger hat. Sex in seiner heilen, ursprünglichen Form ist also auf energetischer Ebene unter anderem ein Austausch wunderbarer Licht-Geschenke.

Erzähle ich Ihnen etwas Neues, wenn ich sage, dass Sex in unserer Zeit und Kultur nicht immer von sinnlicher Erfüllung, hoher Liebesschwingung und rückhaltlosem Verschmelzen begleitet ist? Damit will ich in keiner Weise Sex abwerten, der rein auf körperlichem Verlangen beruht. Auch wenn sich ein

Paar nur für eine Nacht oder eine Stunde zusammenfindet, aber beide vor köstlicher Ekstase und sinnlicher Erfüllung bildlich gesprochen am Kronleuchter schaukeln, fließen die Energien. Aber – und auch da erzähle ich Ihnen wahrscheinlich nichts Neues – wenn Liebe dabei ist, wird das Ganze noch mal auf eine höhere Schwingungsebene gehoben. Und wird dann auch noch die dritte, die Lichtkörperebene, bewusst mit einbezogen, ist der Sex in Erleben und Wirkung einfach unvergleichlich …

Aber zurück zu unserem Ausgangspunkt und dem Grund, warum das Thema Sex in diesem Buch einen berechtigten und wichtigen Platz einnimmt. Wie in jedem anderen Lebensbereich auch, wird es dann problematisch, wenn dieses so ausgeklügelt angelegte Konzept von heiler Vereinigung und Lichtertausch aus dem Gleichgewicht gerät:

Sabine und Jürgen haben sich im Internet kennengelernt,

ausgiebig geflirtet und sind nach einigen sehr erfreulichen Treffen in bestem Einvernehmen miteinander ins Bett gegangen. Zumindest kommt es Sabine so vor, oder besser gesagt, sie hat das Gefühl, dass miteinander zu schlafen einfach der natürliche nächste Schritt war auf dem Weg zur festen Beziehung. Was Sabine gar nicht bewusst ist, ist die Tatsache, dass von ihrer Seite der Sex gar nicht wirklich gewollt ist. Sie hat eine schmerzhafte Scheidung hinter sich, und die Wunden, die sie davongetragen hat, sind noch zu frisch. Sie findet Jürgen im Bett zärtlich und sehr aufmerksam, aber sie kann es nicht wirklich genießen. Sie ist zu sehr im Kopf, hat eigentlich Angst, sich zu verlieben und damit (wieder) verletzbar zu sein, und macht sich schließlich von Minute zu Minute mehr Druck, weil sie ja auch »gut« für ihn sein will. Dennoch finden beide die Nacht schön, vor allem, weil sie locker miteinander im Bett umgehen können und auch lachen. Und es liegt nicht am Sex, dass nach zwei weiteren Wochen klar ist, dass aus ihnen kein Paar wird.

Was Sabine leider zu diesem Zeitpunkt nicht weiß, ist, dass sie sehr wohl dauerhaft mit Jürgen verbunden ist – und zwar seit ihrer ersten gemeinsamen Nacht, als Jürgen sein goldenes Licht-Ei vor ihrer energetischen Knospe abgelegt hat. Mit dem Ablegen des Eis hat sich plangemäß die nabelschnurartige

Verbindungsleitung geöffnet und in froher Erwartung des weiblichen Silberlichts auf »Energie ansaugen« gestellt. Doch durch Sabines Ängste und ihr inneres Zurücknehmen konnte in ihr nicht so viel ekstatische Energie aufgebaut werden, dass sich ihre Knospe öffnete. Es gab also kein Silberlicht, das im Austausch durch die Energieleitung gesogen werden konnte. Und hier setzt das Problem an: Die Energieleitung funktioniert dem ursprünglichen Plan entsprechend: nämlich so, dass sie so lange geöffnet und auf »Energie ansaugen« gestellt bleibt, bis genügend Silberlicht geflossen ist. Wenn nun aber das Silberlicht ausbleibt, saugt die Energieleitung natürlich dennoch Energie an – dann aber eben schlichtweg die, die vorhanden ist: Lebensenergie.

Auch ein halbes Jahr später, als Sabine gar nicht mehr an Jürgen denkt und die Episode mit ihm so gut wie vergessen hat, nährt sie Jürgen nach wie vor stetig mit ihrer Lebensenergie, denn die Energieleitung, die er mit dem Licht-Ei in sie gelegt hat, ist ja immer noch in Betrieb.
Klingt das für Sie nach einer parasitären Beziehung? Ein bisschen so, als würde eine Zecke an einem hängen und sich vom Blut seines Wirts ernähren?
Faktisch ist das tatsächlich so, nur mit dem Unterschied, dass Jürgen nicht heimlich oder gewaltsam Sabines Lebensenergie anzapft, sondern er einer Einladung gefolgt ist und sozusagen seinen Anteil an der Sache rechtmäßig abgewickelt hat: Er hat sein Energie-Geschenk abgegeben. Dass Sabine ihr Silberlicht nicht zum Austausch geben kann und dadurch der Schließmechanismus der Energieleitung nicht einsetzt, dafür kann Jürgen nichts.
Und Sabine fällt der Verlust eines Teils ihrer Energie auch gar nicht auf. Zum Tragen kommt so eine männliche »Abzapf-Leitung« erst, wenn Sabines Energiehaushalt durch Überbelastung, Stress oder Krankheit besonders niedrig bzw. ihr Bedarf an Lebensenergie besonders hoch ist. Oder natürlich, wenn nicht nur eine Energieleitung besteht und ein Mann darüber genährt wird, sondern zwei, drei oder mehr …

Für Sabine zum Beispiel war es besonders wichtig, dass diese Energie-Leitung gekappt wurde, als sie am Burn-out-Syndrom erkrankte und auch nach der Reha nicht mehr auf die Füße kam. Das Entfernen des Licht-Eies und das Kappen der Leitung war nicht die ausschlaggebende Heilmaßnahme, aber ausgesprochen wichtig, um alle Blockaden zu lösen, die ihrer Heilung im Weg standen.

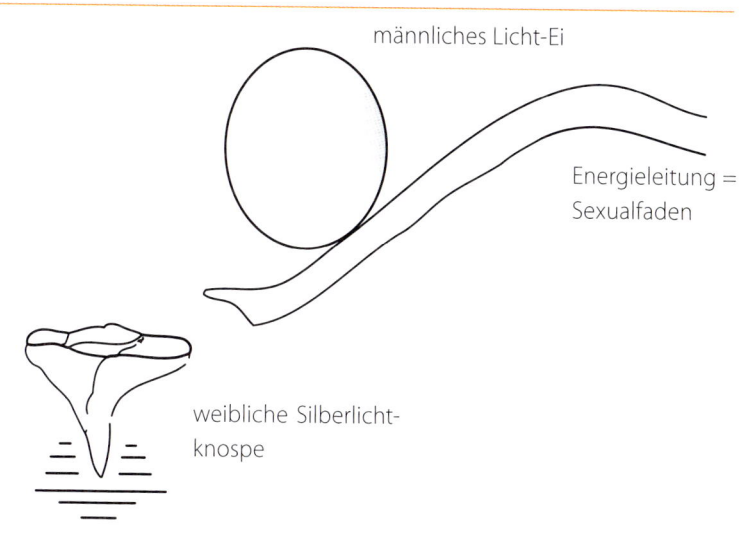

männliches Licht-Ei

Energieleitung =
Sexualfaden

weibliche Silberlicht-
knospe

ABB.: LICHT-EI MIT SEXUALFADEN

Eventuell klingt das für Sie ja alles logisch und nachvollziehbar – bis auf eine entscheidende Kleinigkeit: Wieso erleidet Sabine letztendlich einen Energieverlust, wenn sie doch einen dicken Batzen Energie in Form des Licht-Eies von Jürgen bekommen hat? Müsste sich das dann nicht aufheben?

Leider nein, denn Angst und Verletzungen – seelisch oder körperlich – sind immense Energiefresser. Sabines seelische Verwundungen aus der Scheidung haben in kürzester Zeit die Energie aus dem Licht-Ei geschluckt – so, wie es einem Hungernden nur punktuell hilft, wenn er einmal eine anständige Mahlzeit bekommt. Zudem zapft die männliche Energieleitung ja dauerhaft Lebensenergie ab, während der Inhalt des Eies nach gewisser Zeit aufgebraucht ist.

Die Auswirkungen von Licht-Eiern und ihren Energieleitungen können aber noch auf ganz andere Weise beeinträchtigen und z. B. echte Abhängigkeiten hervorbringen:

Liane trägt aus ihren Ex-Beziehungen drei Licht-Eier mit Energie-Leitungen zu ebenso vielen Männern in sich[8]. Davon weiß Liane leider nichts, aber da sie besonders feinfühlig auf energetische Schwingungen reagiert, nimmt sie deutlich wahr, dass sie mit jedem ihrer Ex-Partner ein mütterlich-nährendes Band verbindet. Sie versteht das als eine Art Auftrag, und so fühlt sie sich für alle drei Männer auch nach Jahren immer noch irgendwie verantwortlich. Sie nährt sie mit ihrer Zeit, ihrer Unterstützung und immer offenem Ohr, offenen Armen und Wohnungstüren. Dass sie sich immer öfter müde fühlt, Kopfschmerzen hat und für ihre früheren Hobbies wie Tauchen, Jazzkonzerte und den Konversationskurs Französisch wenig Lust aufbringt, schreibt sie Stress und Zyklusbeschwerden zu. Ihr neuer Freund, der selbst sehr spirituell ist, respektiert Lianes fürsorgende Beziehung zu ihren Ex-Männern, weil er sie für einen Ausdruck von Lianes großer Liebesfähigkeit hält. Dennoch führt das Ganze zu immer mehr Spannungen zwischen Liane und ihm, weil Liane ihm gegenüber häufig ein schlechtes Gewissen hat, bei wichtigen Anlässen zwischen den Stühlen sitzt und sich oft fühlt, als ob sie sich zerreißen müsse. Als sie zu mir in die Praxis kommt, beschreibt sie sich selbst als launisch und dauergereizt.

Als ich ihr beschreibe, dass ich in ihrem Lichtkörper drei männliche Licht-Eier gefunden habe, wie diese stetig ihre Lebensenergie anzapfen und dass man diese Energieleitungen kappen kann, sitzt sie lange Zeit still und in sich

---

8   Licht-Eier ein und desselben Mannes werden normalerweise nicht nebeneinander oder rings um die weibliche Knospe abgelegt. Sie werden immer an die gleiche Stelle gesetzt, sodass sich mit jedem Mal sowohl das ursprüngliche Licht-Ei als auch die nährende Energieleitung immer mehr verstärken.

gekehrt da. Sie ist blass geworden und sieht ganz zusammengesunken aus. Schließlich fragt sie mich: »Habe ich das richtig verstanden? Wenn Sie diese Eier entfernen und die Energie-Leitungen trennen, dann fließt meinen drei Ex-Männern keine Lebenskraft mehr von mir zu?« Ich nicke.

»Und ich werde danach vielleicht keinen so engen Kontakt mehr zu ihnen haben?«

Ich nicke wieder.

»Wenn ich das machen lasse, ist es dann trotzdem sicher, dass sie ihr Leben danach auch genauso gut allein schaffen?«

Ich antworte Liane, dass ich das nicht sicherstellen kann, weil es dem freien Willen der drei Männer und deren Entwicklung obliegt. Ich gebe dennoch zu bedenken, dass ein Lösen von Abhängigkeiten und eine Wiederherstellung des Gleichgewichts immer zum Wohle aller Beteiligten sind.

Wieder schweigt Liane, strafft dann die Schultern, sieht mir gerade in die Augen und sagt: »Ich kann es nicht. Ich denke nicht, dass sie schon so weit sind. Dirk vielleicht. Mit etwas Glück auch Uwe – aber Sam bestimmt nicht. Nicht gerade jetzt, in seiner Situation. Und es wäre total unfair, Sam weiter Kraft zu geben und den anderen beiden nicht. Nein, ich möchte keine Trennung der Energie-Leitungen.«

Wanda hat ihr Problem schon mit Ärzten und Therapeuten besprochen bzw. bearbeitet – aber medizinisch ist nichts feststellbar. Einige der Therapien, die sie probiert hat, hatten richtig gute Auswirkungen auf ihr Leben – aber leider nicht auf ihr Problem. Wanda hat nämlich keine Lust mehr auf Sex. Das ist jetzt eigentlich nicht so ungewöhnlich, aber bei Wanda verhält es sich so, dass sie im Kopf und in ihrer Fantasie und beim ersten Kennenlernen eines appetitlichen Mannes total Lust auf Sex hat. Wenn aber dann deutlich wird, dass sie miteinander schlafen werden, verliert Wanda schlagartig jede Lust darauf. Begleitet wird das Ganze mit immer wiederkehrender Blasenentzündung und einem deutlich geschwächten Immunsystem. Sobald irgendwo ein Schnupfen kursiert, ist sie die erste, die ihn sich einfängt.

Als ich Wandas Lichtkörper behandle, wird klar, dass ihre akute sexuelle Unlust eine kluge Abwehrreaktion ihres Systems ist: Wanda trägt eine ganze Reihe von goldenen Licht-Eiern in sich, und dadurch fließt ihr so viel Lebensenergie weg, dass der Organismus bereits deutlich »schwächelt«. Um die Möglichkeit der Ablage eines weiteren Licht-Eis zu vermeiden, schaltet Wandas System auf ein probates Verhütungsmittel: sexuelle Unlust.

Das Durchschneiden der Sexualfäden bringt Wanda zwar wichtige unmittelbare Hilfe, langfristig muss aber der Grund gefunden werden, warum es bei Wanda zu so vielen Sexualfäden kommen konnte. Wanda weiß nun, wie der Lichtertausch beim Sex funktioniert, und wird sich damit auseinandersetzen, was es für sie braucht, damit ihr Silberlicht fließen kann bzw. wann sie lieber auf Sex verzichtet.

Vivian

ist Single und genießt ausgiebig den Sex mit wechselnden Bettpartnern. Sie weiß, dass es nicht wichtig ist, dass sie nie einen Orgasmus hat – auf die Freude und den Spaß insgesamt kommt es schließlich an. Damit hat Vivian natürlich recht, doch ist ihr nicht bewusst, dass es gar nicht der Sexualakt an sich, die Zärtlichkeit und die Sinnlichkeit ist, die ihr so viel Genuss verschaffen. Es ist das Gefühl der Macht, die sie über den Mann ausübt – dieser Moment, wenn sie es schafft, dass sein Verlangen nach ihr ihn den Kopf – also die Kontrolle – verlieren lässt. Das ist ihr eigentliches Vergnügen und bedeutet auch, dass sie selbst immer die Kontrolle behält. Dadurch, dass Vivian die Lust an Macht mit der Lust an sexueller Vereinigung verwechselt, öffnet sich ihre weibliche Knospe immer nur dann ein wenig, wenn die starke männliche Erregung, die sie erzeugt, sie zwischendurch auch selbst erregt. Vivian käme nie darauf, dass bei ihrem scheinbaren sexuellen Appetit ihr Silberlicht nur spärlich fließt. Dafür trägt sie inzwischen eine erkleckliche Anzahl von Licht-Eiern in sich, über die sie ihre verschiedenen „Lover" beständig nährt.

Als Vivian sich schließlich verliebt und eine neue Partnerschaft eingeht, ist ausgerechnet das Licht-Ei ihres neuen Freundes der berühmte Tropfen, der das Fass zum Überlaufen bringt: dieses eine bzw. mit jedem Mal Sex vergrößerte Licht-Ei ihres Freundes sprengt die Grenze, bis zu der Vivian den ständigen Energieverlust problemlos verkraften konnte und ihn gar nicht bemerkte. Jetzt merkt Vivian deutlich, dass ihr Energie abgezogen wird. Sie bezieht dies jedoch ausschließlich auf den neuen Partner und hält ihn für einen Energieräuber, der nicht gut für sie ist. Als Vivian ihren Freundinnen davon erzählt, wie geschwächt sie sich fühlt, seit sie mit »ihm« zusammen ist, raten ihr alle zur Trennung. Und als auch die Tipps, die sie in Büchern über Energievampire liest und sofort anwendet, sowie die Gespräche mit ihm darüber nichts ändern, gibt sie die Partnerschaft voller Schmerz tatsächlich auf.

Aber auch für Männer können die Sexualfäden aus ihren Licht-Eiern unliebsame Auswirkungen haben:

Konrad hält sich für sexsüchtig. Er legt einfach eine nach der anderen »flach« und kann sich nicht zurückhalten. Anfangs war er noch stolz darauf, aber langsam bekommt er dadurch immer mehr und auch ernsthafte Schwierigkeiten – beziehungstechnisch und auch am Arbeitsplatz. Außerdem ist Konrad klar geworden, dass nicht er die Sache im Griff hat, sondern dieser Drang ihn zwanghaft antreibt und er zunehmend keinerlei Kontrolle mehr besitzt.

Der energetische Hintergrund beruht auf der Tatsache, dass für Konrad – aus verschiedensten Gründen – die sexuelle Vereinigung in Sachen Lichtertausch eine Einbahnstraße ist. Er legt Licht-Fi um Licht Ei, bekommt aber einfach kein Silberlicht dafür. Und je öfter er leer ausgeht, desto größer wird sein Drang, endlich irgendwo energetisch befriedigt zu werden, und schon versucht er es bei der Nächsten …

ANLEITUNG FÜR DIE LÖSUNG VON SEXUALFÄDEN

Für die Auflösung von Sexualfäden brauchen Sie einen Elestial bzw. Bergkristall mit einer deutlich ausgeprägten Spitze.

Informieren Sie Ihren Stein mit dem Mann, zu dem Sie die Fäden trennen wollen, indem Sie ihn sich vorstellen und diese Erinnerung sowie seinen Namen (Vorname reicht, wenn Nachname nicht bekannt) oder markante Merkmale in den Stein blasen (maximal 3 Mal). Sie können auch mehrere Männer auf einmal nehmen.

Wichtig: Gibt es zu dem Mann keine Erinnerung außer einer traumatischen Begegnung – z. B. einer Vergewaltigung – gehen Sie bitte nicht in die Erinnerung an das damalige gewaltsame Erlebnis. Spüren Sie nach, welches Gefühl jetzt und hier der Gedanke an diesen Mann in Ihnen auslöst, und blasen Sie dieses Gefühl in den Stein. Dann spüren Sie nach, an welcher Körperstelle dieses Gefühl sitzt, wenn Sie spontan die Hand darauflegen sollten. Gehen Sie mit Ihrer Aufmerksamkeit zu dieser Körperstelle, und blasen Sie auch diese Stelle in den Stein.

Blasen Sie ebenfalls den Auftrag in den Stein, die Licht-Eier dieses Mannes oder der Männer zu finden und anzuzeigen sowie die Sexualfäden zu durchtrennen.

Gibt es keinen Mann/Partner in Ihrem Leben, mit dem Sie den sinnvollen und wunderbaren Tausch von Licht-Ei und Silberlicht leben und/oder ihn liebevoll weiterhin in Ihrer Kraft halten wollen, können Sie auch eine Generalreinigung vornehmen. Dann können Sie den Stein einfach mit dem Auftrag informieren, alle Licht-Eier anzuzeigen, und brauchen nicht einzelne Personen hineinzublasen.

Setzen oder legen Sie sich nun entspannt hin. Den informierten Stein haben Sie in der Hand.

Atmen Sie mehrmals tief und bewusst ein und wieder aus.

Lassen Sie sich von Ihren Atemzügen nach innen tragen.
Immer tiefer und tiefer, bis Sie ganz bei sich angekommen sind.

Nun gehen Sie mit Ihrer Aufmerksamkeit zum Bereich Ihres Beckens. Führen Sie den Stein langsam und Stück für Stück über diesen Bereich – nicht auf der Haut, sondern ein paar Zentimeter über dem Körper. Achten Sie auch hier wieder darauf, über welchen Wahrnehmungskanal Sie die Anzeige Ihres Steins erkennen: Sehen Sie mit Ihrem inneren Auge die Licht-Eier oder ein Aufleuchten, an der Stelle, an der sie sich befinden? Gibt es eine Temperaturwahrnehmung wie wärmer oder kälter, sobald der Stein eine Stelle mit Licht-Ei gefunden hat, eine Körperempfindung wie Gänsehaut, Kribbeln oder Muskelanspannung, oder geht es bei Ihnen über das Hören – eine innere Stimme sagt z. B. »hier ist es« – oder gibt es einfach ein inneres Wissen?

Wie auch immer Sie wahrnehmen – sobald ein Licht-Ei gefunden ist, nehmen Sie den Sexualfaden, also die Energieleitung, die an dem Ei hängt, wahr. Folgen Sie diesem Faden bis einige Zentimeter über Ihre Bauchdecke. Richten Sie Ihr Bewusstsein darauf aus, nun mit dem Stein den Faden zu durchtrennen. Diese Absicht genügt, um eine weitere Qualität des Kristalls zu aktivieren: Aus dem Stein heraus bündelt sich Energie wie ein Laserstrahl. Richten Sie Ihr Bewusstsein auf diese Art Laser, und schneiden Sie mit dem Stein bzw. dem Laserstrahl den Faden in einer raschen, kraftvollen Bewegung durch.

Wie beim Trennen einer Nabelschnur auch, »versorgen« Sie das Ende des Fadens, der bei Ihnen hängt, indem Sie gedanklich heilendes goldenes Licht dort hinschicken oder es hineinatmen. Wer mit Reiki, Prana, Chi oder einer anderen Ausdrucksform der Lebensenergie arbeitet, kann wunderbar diese dazu nutzen. Sie werden feststellen, dass das Licht den Rest des Sexualfadens dazu bringt, zusammenzuschrumpeln oder sich aufzulösen. Wenn Sie nur ein

Sich-Zurückbilden des Fadenendes wahrnehmen, ist das völlig in Ordnung, denn der Prozess geht selbstständig weiter, bis Faden samt Licht-Ei (das meist nur noch eine leere Hülle ist) völlig aufgelöst sind.

Lassen Sie den Stein sinken, und bleiben Sie noch eine Weile in Ruhe und Entspannung. Was Sie gerade gemacht haben, ist eine energetische Operation, und je nach Stärke oder Anzahl der durchtrennten Fäden kann das sehr anstrengend für Sie sein. Achten Sie darum auch darauf, sich behutsam aufzurichten und achtsam aufzustehen, damit Ihr Kreislauf nicht absackt.

Trinken Sie ausgiebig (alkoholfrei), und reinigen Sie den Stein unter fließendem Wasser.

KURZANLEITUNG
DURCHTRENNUNG VON SEXUALFÄDEN:

1. Informieren Sie einen Elestial oder Bergkristall mit Spitze mit dem Mann, zu dem Sie die Fäden trennen wollen.
2. Blasen Sie den Auftrag in den Stein, Ihnen die Licht-Eier dieses Mannes aufzuspüren und anzuzeigen.
3. Führen Sie den Stein über Ihre Beckenregion, und nehmen Sie die Anzeige für Licht-Eier wahr.
4. Aktivieren Sie durch die gedankliche Anweisung den »Licht-Laser« des Steins.
5. Folgen Sie vom Licht-Ei ausgehend dem Sexualfaden bis über Ihre Bauchdecke, und schneiden Sie ihn in einer raschen, kraftvollen Bewegung durch.
6. Versorgen Sie das Fadenende mit heilendem Licht.
7. Ruhen Sie sich aus, und reinigen Sie anschließend den Stein unter fließendem Wasser.

Männer lösen Sexualfäden im Prinzip auf dieselbe Art. Dennoch gibt es wenige kleine Unterschiede: Sie informieren den Stein damit, Sexualfäden bei sich selbst zu finden. Dann folgen Sie der obigen Anleitung. Sobald Sie einen Sexualfaden gefunden haben, durchtrennen Sie diesen wie oben beschrieben mit Ihrem Stein und versorgen beide Enden des durchgeschnittenen Fadens mit Licht. Falls das Ende des Sexualfadens, der zur Frau hinführt, nach der Durchtrennung »wegschnalzt« oder sonst wie verschwindet, hat der Heilungsprozess dort schon begonnen. Unterstützen Sie diesen einfach, indem Sie gedanklich Segenslicht in Richtung des gekappten Sexualfadens senden. Beenden Sie dann den Prozess wie oben beschrieben.

Wie kann man der Entstehung von Sexualfäden vorbeugen? – Die Kunst der energetischen Sexualhygiene

Die direkteste Art, keine negativen Sexualfäden entstehen zu lassen, ist, richtig guten Sex zu haben oder auch gar keinen Sex zu haben. Was »richtig guten« Sex angeht, denken Sie bitte daran, dass es für das reichliche Fließen von weiblichem Silberlicht überhaupt nicht nötig ist, dass frau einen Orgasmus hat. Die weibliche Knospe öffnet sich über den Aufbau von ekstatischer Energie, das bedeutet, hier ist der Weg gleichzeitig das Ziel. Intensive Nähe, der Duft geliebter Haut, Liebesenergie, Erregung und das In-Schwingung-Versetzen der Sinne kann überaus effektiv die entsprechende Energie aufbauen.

Es ist leider eine Tatsache, dass es für viele Menschen dennoch jede Menge guter Gründe gibt, sexuelle Vereinigungen zu vollziehen, aus denen gewiss kein wunderbarer Lichtertausch entsteht. Ebenso wie es leider noch eine Tatsache[9] ist, dass es viele Gründe gibt, Sex nicht als lichtvoll zu erleben – so zum Beispiel, wenn die Weiblichkeit oder Männlichkeit der Partner verletzt oder verkrüppelt ist oder wenn der Sex erzwungen wurde.

Eines der Hilfsmittel ist hier energetische Sexualhygiene im Sinne von Durchtrennen der daraus entstandenen Fäden.

---

9   Ich bin sicher, dass ich durch den Wandel der Welt und die neue Zeit diesen Satz in naher Zukunft aus dem Buch streichen kann.

Hier noch einmal die ZUSAMMENFASSUNG
der drei großen energetischen Beziehungsfesseln:

1. Durch das Trennen der verschmolzenen Lichtkörper kommt es zur Vertauschung von Seelenenergie-Anteilen. Diese Anteile sind durch Lichtfäden mit ihrem ursprünglichen Eigentümer verbunden.
2. Innerlich gegebene oder dem Partner gegenüber laut ausgesprochene Versprechen
3. Sexualfäden

Nun kennen Sie drei der großen »Spielarten« von Beziehungsfesseln und wissen, dass und wie man sie lösen kann. Deshalb noch ein Wort zum rechtmäßigen Gebrauch der Methoden bzw. zum Missbrauch:

Wenn man um die segensreiche Wirkung des Fädentrennens weiß, liegt es oft nahe, dass man diesen Segen gerne nahestehenden oder geliebten Menschen zukommen lassen möchte. Vor allem, wenn (für Sie) ganz offensichtlich ist, dass aus der Bindung Leid entsteht. Dummerweise hält betreffendes Pärchen gar nichts von Energiearbeit oder schamanischen Heilweisen … Aber wenn es doch zu deren Bestem ist? Sollte man da nicht lang fackeln und eben einfach ohne Wissen und Erlaubnis aller Beteiligten die Fäden zwischen den beiden trennen?

Die Antwort ist: Nein. So schwer es Ihnen fallen mag, aber: Nein.

Zum einen denken Sie bitte daran, dass Sie höchstwahrscheinlich nicht den ganzen Seelenplan und dessen umfassende Dimensionen eines anderen kennen und »das Beste« daher nur über Ihre subjektive Sicht definieren. Ich kenne Ärzte, die sagen, von ihrem fundierten Kenntnisstand aus sowie aus ihrer langjährigen Erfahrung heraus sei es bei einem Brusttumor das Beste, die betroffene Brust sofort zu amputieren. Wie fänden Sie es, wenn Sie aus einer

Gallenstein-Operation erwachen, der Sie zugestimmt haben, und ihre Brust ist weg, weil der Arzt einen Knoten entdeckt hat und nach seinem Ermessen zu Ihrem Besten gehandelt hat? Und auch wenn Sie jetzt heftig nicken und denken »Ich wäre dem Arzt dankbar!«, kenne ich viele Menschen, die entsetzt, schockiert und völlig verzweifelt wären.

Zum anderen ist die Tatsache, in den freien Willen eines Menschen einzugreifen, Machtmissbrauch – egal, wie gut die Absicht ist. Auf der Energieebene nennt man das Schwarze Magie, und die wendet sich letztlich immer gegen den, der sie anwendet.

Deshalb also: Finger weg davon, ohne Auftrag und Erlaubnis auf diese Art in Beziehungsgewebe einzugreifen – auch wenn es in selbigen Fingern noch so sehr juckt! Schicken Sie stattdessen Segen auf die Beziehung. Erzählen Sie von Energiemedizin und deren Möglichkeiten, oder bitten Sie höhere Instanzen, dem Paar zum Wohle aller zu helfen. Und: Leben Sie Heilung und Liebe bei sich selbst und anderen. Da wir alle durch das große Netz verbunden sind, kommt es allen Wesen, auch dieser Beziehung, machtvoller zugute, als Sie vielleicht denken.

Fädentrennung von Orten und Häusern

Für manche mag die Vorstellung, dass für Schamanen alles beseelt ist, ein wenig sonderbar anmuten. Falls das für Sie auch so ist, hilft Ihnen vielleicht die Erinnerung an die grundlegenden physikalischen Eigenschaften von Energie. Wie schon der berühmte Physiker Nikolas Tesla sagte: Alles ist Energie. Energie ist nicht statisch, sondern in beständiger Bewegung, im Fluss und in Veränderung, nimmt auf, gibt ab, verbindet sich und löst sich wieder. Energie kann sich verwandeln, aber sie kann auch verwandelt werden sowie auf andere Energiefelder übertragen werden. Darum ist es auch nur natürlich, dass sich unsere Energie nicht nur mit Menschen, Tieren, Pflanzen und Lichtwesen, sondern auch mit »Sachen« verbinden kann. Das beste Beispiel dafür sind kleine Kinder und ihre Schnuffeltücher, Schmusedecken oder Schmusetiere.

Diese Gegenstände sind erst einmal ein neutraler Haufen Stoff bzw. Energie, der aber mit der Zeit mit der persönlichen Energie des Kindes aufgeladen wird und dadurch Träger von Geborgenheit, Trost, Wohlbefinden und Sicherheit wird. Die meisten Eltern kennen das Drama, wenn bei Reisen der geliebte Teddy vergessen wurde oder »das« Schnuffeltuch nicht zur Hand ist. Darum sind diese persönlichen Energieträger auch nicht einfach austauschbar, und der schönste neue Teddybär ist einfach nichts gegen den alten, »abgeliebten«: Der hat vielleicht nur noch ein Auge, die Ohren sind nur noch Stummel und das Fell völlig abgewetzt, aber mit seiner Energie ist all die Energie verwoben, die dem Kind ganz persönliche »Nestgefühle« vermittelt.

Ähnlich verhält es sich mit Glücksbringern oder Schmuckstücken, die einen hohen emotionalen Charakter und Wert für uns haben. Wir laden diese Gegenstände nicht nur durch unsere Aufmerksamkeit, Gefühle und die Bedeutung, die wir ihnen geben, mit zusätzlicher Energie auf, wir verbinden uns auch energetisch mit ihnen, was bewirkt, dass wir an ihnen »hängen«: die Perlenkette, die in der Familie immer von der Mutter an die älteste Tochter weitergegeben wird, in früheren Zeiten die goldene Taschenuhr – meist mit Gravur –, die der Vater dem Sohn zur Volljährigkeit vererbte, der Ehering oder das Freundschaftsarmband.

Ganz ähnlich verbinden wir unsere Energiefelder bzw. Lichtkörper mit Orten, die für uns persönliche Bedeutung haben. Ganz vorne steht hier natürlich die Heimat, das Heimatland bzw. die Stadt oder der Ort, in der/dem man sich beheimatet und zu Hause fühlt. Für viele ist das das Land oder der Ort, in dem sie aufgewachsen sind, einige verlieben sich als Erwachsene in eine Wahlheimat und wieder andere erleben sich mit dem Ort besonders verbunden, wo sie am glücklichsten waren.

Unsere keltischen Vorfahren erlebten die energetische Verbindung mit dem Geburts- und Wohnort nicht nur bewusst und als selbstverständlich, sondern auch als großen Segen: Dort, wo ein Kind geboren wird bzw. aufwächst, ist es ganz natürlich mit der Erde verbunden, mit dem schützenden Himmel, der sich darüber wölbt und den Gestirnen. Der Spirit des größten oder ältesten Baumes dort, die Spirits der umgebenden Berge, des Flusses, der Pflanzen und Heilkräuter dort, die Tier-Spirits und das Clan-Krafttier – mit all diesen Wesen ist das Kind energetisch verbunden, und mit dem Heranwachsen und der zunehmenden gemeinsam verbrachten Zeit stärken sich diese Bande immer weiter. Über diese energetische Verbindung schützten, förderten, halfen und stärkten die Spirits der Heimat den betreffenden Menschen, so, wie die Menschen im Gegenzug die heimischen Spirits ehrten, hüteten und liebten. Musste jemand die Heimat verlassen, wurden spezielle Zeremonien durchgeführt, um die energetischen Bande zu dem heimischen »Netzwerk« noch einmal besonders zu stärken.

Dennoch gab und gibt es Situationen und Lebensumstände, die diese stärkenden Bande zu Fesseln machen, die behindern, verhindern und abhalten:

Maria nennt ihren Heimatort meistens »das Scheiß-Kaff«. Seit sie mit der Schule fertig ist, will sie nur weg. Weg von der dörflichen Enge, dem Getratsche, den Vorurteilen und den selbstverständlich immer blitzblank geputzten Fenstern. Ihr erster Versuch, in der »richtigen« Welt auf eigenen Beinen zu stehen, geht gründlich schief, und sie muss wohl oder übel wieder zu Hause einziehen. Einige Jahre später dann klappt es beim zweiten Anlauf, sich ein neues Leben einzurichten, ganz gut, und sie denkt erleichtert, das »Kaff« endgültig hinter sich zu haben … da bekommt ihr Vater einen Schlaganfall, und ihre verzweifelte Mutter fleht Maria an, nach Hause zu kommen, um sie bei der Pflege und im Geschäft zu unterstützen. »Höchstens ein halbes Jahr«, schwört sich Maria zähneknirschend, als sie in ihrem alten Kinderzimmer den Koffer auspackt, »allerhöchstens!« Ausgerechnet in diesem halben Jahr verliebt sich Maria – in einen »von hier«. Da dieser Mann seine gesamte und sehr erfolgreiche Existenz als Apotheker im Dorf verwurzelt hat, bleibt Maria doch da, sie ziehen zusammen, und bei aller Verliebtheit kann es Maria nicht fassen: »Das Scheiß-Kaff lässt mich einfach nicht los!« Als die Beziehung zerbricht, beschließt Maria, nach Neuseeland auszuwandern. Der Haken an der Sache ist, dass sie diesen schwerwiegenden Entschluss nicht aus freien Stücken fasst, sondern nur getrieben ist von dem Wunsch, möglichst viele Kilometer zwischen sich und »das Kaff« zu bringen.

Die Fädentrennung zwischen ihr und ihrem Heimatort hat geholfen, die energetische Nabelschnur zu lösen, die Maria wie eine Leine empfunden hat, an der sie immer wieder nach Hause zurückgezogen wurde. Diesmal ist es allerdings nicht der Ort gewesen, den es lange von dem Segen der Fädentrennung zu überzeugen galt, sondern Maria selbst. Als ich ihr sagte, dass ein Band bestehen bleiben soll, war sie alles andere als begeistert. Sie wollte einen radikalen Schnitt, um sicher zu sein, ganz gewiss nicht mehr an der Leine zu hängen. Erst als ihr klar wurde, dass das »Kaff« durchaus auch energetische Qualitäten hat, auf die es dumm wäre, zu verzichten, begann sie, sich für den Gedanken zu öffnen. Da Maria schon an einigen meiner Kurse teilgenommen hatte, wusste ich, dass sie sehr gut Energien wahrnehmen kann. Darum bot ich ihr an, ihr nach der Fädentrennung das locker hängende »Herzensband«, das ich unberührt lasse, zu zeigen und ihr beizubringen, es sicher spüren zu können, wenn sie sich darauf konzentriert. So kann Maria, sooft sie will, kontrollieren, ob das Band nach wie vor locker durchhängt oder ob es sich spannt und es bald einen »Zug« zurück geben könnte. In diesem Falle würde ich das Band dann sofort trennen, wenn sie es wünscht. Maria ist einverstanden. Sie hat mich bis heute nicht angerufen, um dieses eine Herzensband trennen zu lassen, aber sie hat sich entschieden, in Neuseeland zu bleiben. Es geht

ihr nach eigener Aussage richtig gut, und sie beginnt seit einem halben Jahr ganz bewusst, sich dort zu verwurzeln.

In den meisten Kulturen führten/führen Schamanen für sich selbst ein bestimmtes Ritual durch, das dazu dient, eine zu starke Bindung und Beeinflussung an und von dem Heimatort bzw. Geburtsort zu lösen, um freier arbeiten zu können. Dabei geht es nicht um eine vollkommene Loslösung, sondern ein Lösen aus einem zu engen energetischen Bezug, so wie ein Kind sich beim Heranwachsen auch in vieler Hinsicht von den Eltern löst. Das stärkende, segnende und schützende Band zwischen den Energien des Ortes und dem Schamanen allerdings wird noch einmal bekräftigt und voller Dankbarkeit geehrt.

Christine und Gerry sind umgezogen, weil Gerry beruf-
lich in eine andere Stadt versetzt wurde. Beide finden, dass der Umzug fast durchweg nur Verbesserungen gebracht hat – nur ihr achtjähriger Sohn Ben scheint sich komplett gegen alles in der neuen Umgebung zu sperren, ist bitterböse auf seine Eltern und will nur zurück in »seine« Stadt. Für Christine und

Gerry ist es schlimm, dass ihr Ben sich so schwer mit der neuen Umgebung tut und die Eingewöhnung so gar nicht gelingen will. Christine erwischt sich auch immer öfter dabei, wie sie die Geduld verliert und auf Bens Verweigerungen zunehmend gereizter reagiert. Oft denkt sie, dass sie ihn am liebsten tüchtig durchschütteln würde, und erkennt daran seufzend das Ausmaß ihrer Hilflosigkeit.

Der Prozess von Ablösung und Neubeginn bei Umzügen kann für Kinder enorm erleichtert werden, wenn schon vor dem Umzug die energetische Bindung zu dem Ort, der verlassen wird, gelöst wird. Natürlich wirkt die Fädentrennung auch positiv, wenn sie im Nachhinein erfolgt – im Idealfall jedoch wird der Weg schon geebnet und von Hindernissen befreit, bevor man die Reise antritt …

Olaf ist auf einer Hallig[10] im nordfriesischen Wattenmeer aufgewachsen. Von Kindesbeinen an war für ihn und seine Familie klar, dass er einmal den Traditionsgasthof übernehmen und weiterführen würde. Und genau so ist es auch gekommen. Doch die Zeit und die wirtschaftliche Lage haben sich verändert: Der Familienbetrieb ist zum Geldfresser statt zur Lebensversorgung geworden. Das riesige alte Haus bräuchte aufwendige Sanierungen, die Olaf finanziell einfach nicht stemmen kann, die Konkurrenz ist gewachsen bei gleichzeitigem Rückgang der Touristenzahl auf der Hallig. Zudem können Olafs Eltern aus gesundheitlichen Gründen nicht mehr mit anpacken – Angestellte kann sich Olaf jedoch auf gar keinen Fall leisten. So ist es dann beschlossene Sache, dass Olaf die Hallig verlässt und nach Hamburg geht, um im Service eines modernen Restaurants zu arbeiten. Die Umstellung ist groß, aber Olaf weiß um die Notwendigkeit der Veränderung, und die Arbeit in dem großen Hotel macht ihm wirklich Freude. Dennoch wird er nach ei-

---

10   Die Halligen sind kleine, nicht oder nur wenig geschützte Marschinseln vor den Küsten, die bei Sturmfluten überschwemmt werden können.

nigen Wochen zum Personalchef gerufen und erfährt, dass er eventuell die Probezeit nicht überstehen wird. Man schätze ihn als fleißigen, zuverlässigen und sehr ausgeglichenen Mitarbeiter, doch Gäste wie Kollegen würden seine nicht sehr freundliche Art sowie eine deutliche Unflexibilität bemängeln. Olaf ist wie vor den Kopf geschlagen. Erst als er mit seiner Mutter telefoniert, beginnt er zu verstehen. Die erklärt ihm nämlich rundheraus, dass er eben ein typisches Kind der nordischen Hallig sei: Dort würde kein überflüssiges Wort gesprochen, ein Lächeln würde dann gezeigt, wenn es einen guten Grund dafür gibt, alles würde ruhig und bedächtig angegangen und Veränderungen bräuchten – meist lange – Zeit.

Bei der Fädentrennung von Olaf zu seiner Heimat sehe ich, dass die Energie der Hallig so fest mit ihm verwoben ist, dass ihm wenig Raum für das Quantum an mehr Flexibilität und Verbindlichkeit bleibt, die er in seinem neuen Leben bräuchte. Ich erkläre dem Spirit der Insel ausführlich, wie sehr Olaf ihm immer verbunden bleiben wird und dass die Kraft des Meeres, die Eigenständigkeit und Wahrhaftigkeit, die in der Energie der Hallig liegt, einen großen Schatz in Olafs Lichtkörper darstellen, der ihm sehr kostbar ist und für den er von Herzen dankt. Ich bitte die Hallig auch, Olaf weiterhin mit diesen wunderbaren Kräften zu unterstützen. Das bedeutet, dass, wie bei der Beziehungsfädentrennung zwischen Menschen auch, die vertauschten Seelenenergieteile zurückgetauscht werden, das besondere Herzensband aber, das den Geburtsort bzw. die Heimat mit dem Menschen verbindet, bleibt bestehen. Über diese »Energieleitung« werden Olaf weiterhin die stärkenden Kräfte seiner Hallig zufließen.

Natürlich kann und soll eine Fädentrennung einen Menschen nicht völlig verändern, und aus Olaf wurde deshalb nicht plötzlich ein Dauercharme versprühender Wortakrobat. Das wäre ja auch schade um seine einzigartige Ausstrahlung und all die Qualitäten, die die Hallig mitgeprägt hat. Doch es hat ihm geholfen, sich leichter, schneller und freier den neuen Gegebenheiten anpassen zu können. Und mit Anpassung ist auch nicht Verbiegen oder Persönlichkeitsverlust gemeint. Fädentrennungen von der Heimat und ihrem Spirit bedeuten – wie zwischen Menschen auch –, dass nicht die Herzensverbindung gekappt wird, sondern nur mehr Freiheit und Selbstbestimmung hergestellt werden.

Simone hat sich ihren Traum erfüllt und ist mit ihrem Mann nach Afrika ausgewandert. Was sie völlig unerwartet trifft, ist das heftige Heimweh, das sie nach ein paar Monaten überfällt. Da Simone vor zwei Jahren schon einmal eine Fädentrennung von ihrem damaligen Lebensgefährten durchführen ließ, deren Wirkung sie als echte Befreiung erlebte, kommt ihr nun der Gedanke, ob vielleicht eine Fädentrennung von ihrer Familie und von ihrer besten Freundin in Deutschland hilfreich wäre, um dieses hinderliche Heimweh endlich abstellen zu können. Sie vereinbart mit dem Schamanen von damals einen Termin dafür und ist äußerst zuversichtlich … und nach weiterer vier Wochen äußerst enttäuscht, weil sich das Heimweh zwar etwas gebessert hat, aber nach wie vor schmerzlich spürbar ist.

Hätte Simone das ihrem Schamanen zurückgemeldet und dazu gesagt, dass sie in ein anderes Land gezogen ist, hätte dieser ihr vielleicht raten können, auch noch die Verbindungsfäden zu lösen, die sie an die alte Heimat binden, um dann frei für eine neue Heimat oder zumindest ein temporäres Lebensabenteuer zu sein.

Eine starke energetische Verbindung kann auch zu einem Haus[11] bestehen. Häuser sind – obwohl in unserer Kultur Materie meist als nicht beseelt gilt – seit jeher bekannt dafür, eine eigene Persönlichkeit, einen ganz eigenen Charakter zu besitzen. Besonders Höfe, Landsitze und Herrenhäuser, die seit Generationen im Besitz einer Familie sind, werden von Familienmitgliedern und Besuchern oft deutlich als ein eigenständiges Wesen empfunden. Das keltische Bewusstsein darum hat sich auf den britischen Inseln noch besonders gut erhalten, darum ist es üblich, dass jedes Haus einen Namen trägt.

Es gibt Häuser, die von ganzem Herzen geliebt werden, und Häuser, die die (seines Erachtens unrechtmäßigen) Bewohner regelrecht wieder ausspucken. Doch in diesem Buch über Fädenlösung geht es um die Häuser, an denen das Herz eines Menschen – oder energetisch korrekt ausgedrückt – die Seelenanteile eines Menschen hängen. Es ist etwas ganz Besonderes, ein Heim zu haben, mit dem man sich auf der Seelenebene verbunden fühlt – zumindest

---

11   in seltenen Fällen auch zu einer Wohnung

so lange, bis man dieses magische Zuhause aufgeben muss oder in ein Heim einzieht, das energetisch noch mit jemand anderem verbunden ist.

Katja und ihr Bruder Christian hatten sich mit den Eltern schon früh darauf geeinigt, dass Christian sein Erbe schon zu Lebzeiten der Eltern ausbezahlt bekommt, um damit ein eigenes Haus zu bauen. Katja sollte dann einmal das geliebte Elternhaus übernehmen. Nach dem Tod der Eltern sind sie für Katja dennoch in diesem Haus sehr präsent, das macht es so besonders wertvoll für sie: Die gemeinsamen Erinnerungen, die Energie ihrer Eltern und der Liebe, die sie mit beiden erlebt hat, steckt sozusagen in jedem Stein dieses Gebäudes. Katjas Vater war Schreinermeister, viele Holzarbeiten im Haus hat sie zusammen mit ihm fertiggebracht. Mit ihrer Mutter hat sie die Wände mehrerer Zimmer mit Stoffbahnen ausgeschlagen und diese dann mit Gips überzogen. Es war ein Werk über Monate, aber das Ergebnis war einfach einmalig … und auch der Spaß und die Nähe, die sie dabei erlebt haben.
Auch wenn Katja in der kleinen Provinzstadt wenig Chancen hat, einen Job zu finden, der ihrer mehr als guten Ausbildung entspricht und sie beruflich hochfliegende Träume hatte, hat sie nie infrage gestellt, in ihr Elternhaus zu ziehen und dort wohnen zu bleiben. So war es schon lange mit den Eltern geplant, und für alle war das Wissen darum eine große Freude. Katja steckte in den nächsten Jahren viel Mühe, Zeit und Geld in dieses Vermächtnis ihrer Eltern, um den Charakter des Hauses zu erhalten, aber mit ihrem heutigen Geschmack und modernem Komfort zu vereinen … und sie war auf das Ergebnis sehr stolz … und dann kam die Flut. Katjas geliebtes Haus stand tagelang bis über den ersten Stock hinaus im Jahrhunderthochwasser, und als die Flut zurückging, hinterließ sie auch in diesen vier Wänden riesige Schäden.

Nach dem ersten Schock begreift Katja, dass dies eventuell auch der Anlass sein könnte, das Haus berechtigt und aus finanzieller Sicht klugerweise aufzugeben, endlich nach München zu gehen und ihren beruflichen Traum zu leben, aber sie schafft es einfach nicht, das Haus loszulassen.

Katja möchte sich frei entscheiden können, ob sie geht oder bleibt, und kommt darum zur Fädentrennung zu mir. In ihrem Lichtkörper sitzen die Energieteile des Hauses rund um den Nabel und die Arme entlang bis zu den Händen. Als ich Kontakt zu Katjas Elternhaus aufnehme, zeigt sich der Spirit des Hauses wie ein waberndes, bläuliches Licht. Ich stelle mich vor, erkläre, dass Katja mich beauftragt hat und worum es geht. Ich höre keine Antwort, aber das Licht scheint ein wenig zurückzuweichen, blasser zu werden. Schnell spreche ich weiter: von Katjas großer Liebe zu ihm, wie sie mir von den vielen Dingen erzählt hat, die sie in dem Haus selbst oder mit ihren Eltern geschaffen hat. Das Licht wird wieder stärker, das Blau vertieft sich. Ich erzähle dem Haus von Katjas Berufung, dem Problem, diese zu leben, wenn sie hierbleibt – und dass Katja ihren beruflichen Traum ohne zu zögern für das Haus aufgegeben hat bzw. hätte … – das Haus strahlt nun in einem rauchigen Azur – … doch nun ist da ja die Sache mit dem Hochwasser. Als ich davon spreche, dass Katja sich hoch verschulden müsste, um die Schäden zu beseitigen und die umfassende Sanierung zu bezahlen, beginnt das Licht zu flackern, und ich nehme im Kopf eine Art »Stopp!« wahr. Ich halte inne und warte. Das Licht scheint sich wie in der Mitte zu sammeln und zu konzentrieren, dann vernehme ich:

»Die Erde ändert sich.
Die Zeit verändert sich.
Meine Zeit verändert sich.
Sie gehe mit meinem Segen.«

Ich danke dem Spirit des Hauses und beginne mit meinem Elestial, die Seelenenergieteile von Katja aus dem Energiefeld des Hauses zu ziehen. Als es getan ist und auch das Haus seine Energieanteile wieder bei sich hat, signalisiert mir das Haus, dass es noch etwas zu sagen gibt:
»Warte. Das Kind braucht noch etwas, damit es gehen kann.«

Es dauert nur einige Sekunden, dann erscheinen neben dem blauen Hausspirit zwei nebelhafte Gestalten: Katjas Eltern! Sie bitten mich, Katja die Botschaft zu überbringen, dass sie es gut und richtig finden, wenn Katja das Haus hinter sich ließe. Der Vater sagt: »Wäre ich noch körperlich bei ihr, ich hätte darauf gedrängt, wäre sie selbst nicht darauf gekommen.«

Auch bei Katjas Eltern bedanke ich mich sehr. Ich sende Segen zu ihnen und zum Spirit des Hauses, kehre zu Katja zurück und lasse ihre Seelenanteile in sie hineinströmen.
Katja ist von dem, was ich ihr erzähle, sehr berührt, aber von der Fädentrennung selbst hat sie nichts gespürt.
Katja ist nach München gezogen und dort so erfolgreich, wie sie es sich gewünscht hat. Der Türknauf aus Rosenholz, der aus ihrem Elternhaus stammt und den ihr Vater für die Tür zu Katjas damaligem Kinderzimmer gedrechselt hat, hat das Hochwasser überlebt. Katja hat ihn als Glücksbringer mit in ihr neues Leben genommen, und er hat einen besonderen Platz auf ihrem Hausaltar.

Familie W. hat einen alten Gasthof mit herrlich angelegtem Garten gekauft. So ein Zuhause mit gleichzeitiger Arbeitsstätte haben sie sich schon immer gewünscht. Leider scheint das nicht auf Gegenseitigkeit zu beruhen, denn es gibt ständig unliebsame Vorfälle. So haben die Kinder gerade auf den Treppen immer wieder kleine Unfälle und tun sich weh, neu gelegte Leitungen schmoren durch, die Rosenbüsche im Garten sind plötzlich krank, Äste von den großen Kastanien sind auf die Gästeterrasse gekracht, und, und, und …

Der achtjährige Sohn Nils bringt es bei einem Frühstück auf den Punkt: »Es ist, als ob uns das Haus nicht will!« Mutter Patricia nimmt das zum Anlass, sich an die Vorbesitzer zu wenden, mit denen sie immer noch in Kontakt steht, um mehr über die Geschichte des Gasthofs zu erfahren. Diese erzählen, dass er seit mehr als 200 Jahren in Familienbesitz war und die Vorfahren ihn mit ihren eigenen Händen erbaut haben. Von irgendwelchen Spukgeschichten oder ungewöhnlichen Vorgängen wüssten sie nichts. Patricia macht sich ein wenig in energetischer Hausreinigung kundig, räuchert gewissenhaft jede Ecke aus und geht auch mit Räucherwerk durch den Garten. Sie betet und segnet.
Danach wird es deutlich besser, aber die ganze Familie fühlt sich nach wie vor unwohl in diesem Haus. Deshalb wendet sich Frau W. an mich, da sie die Schlussfolgerung gezogen hat, ihre Hausreinigung sei wohl nicht tief greifend genug gewesen und bittet darum, das Haus professionell energetisch zu reinigen. Als ich zum Hausreinigungstermin im Haus der W.s bin, bin ich überrascht: Ich kann meinen Auftrag nicht ausführen, weil es nichts zu reinigen gibt. Wenn vorher negative Energie vorhanden gewesen sein sollte, hat Patricia W. schon selbst ganze Arbeit geleistet.

Auf diese Rückmeldung hin bitten mich die W.s, zu prüfen, ob ich eine andere Ursache finden könne. Ich entdecke schließlich feine Lichtfäden, die von verschiedenen Stellen des Hauses ausgehen, folge diesen Fäden durch die Zeit, und dann ist klar, dass das Haus immer noch energetisch eng mit den ursprünglichen Besitzern verbunden ist. Ich nehme Kontakt mit dem Spirit des Hauses auf und erkläre ihm die Lage: dass er noch Seelenenergieteile der vorherigen Bewohner trägt und dass sich das für alle ungut auswirkt, da es definitiv neue Bewohner für ihn gibt – wenn nicht Familie W., dann eben andere – und dass es eine Verbindungsfädentrennung bzw. die Rückgabe der jeweiligen Energieanteile braucht, damit wirklich ein Neuanfang gemacht werden kann, nämlich das Haus wieder geliebt, geehrt und gehütet wird und die Bewohner ein wahres Zuhause haben. Die Kommunikation mit dem Spirit des Hauses dauert eine ganze Weile, bis er sich damit einverstanden erklärt, dass ich die Lichtfäden trenne. Als ich abschießend frage, ob es etwas gibt, was er sich von Familie W. wünscht, tauchen zwei Begriffe auf: »Geduld« und »Kennenlernen«. So schlage ich Familie W. vor, ein Einweihungsfest zu machen – nur für die Familie und das Haus. Zwei wichtige Bestandteile des Festes sollten sein: 1. dass jeder auf einen Zettel seinen Namen schreibt und sich mit ein paar Zeilen dem Haus vorstellt. Die Zettel werden dann rituell dem Feuer übergeben. 2. dass das Haus einen neuen Namen erhält.

Familie W. lebt seitdem mit dem Haus in Frieden und fühlt sich willkommen. Dennoch »arbeiten« sie weiter an ihrer Beziehung …

So weh Gitta die Scheidung tut, so ist sie doch auch eine große

Erleichterung. Obwohl Holger und sie sich in gutem Einvernehmen getrennt haben, kosten die Trennung und alles, was dazu geführt hat und tiefe Wunden hinterließ, viel Kraft. Das gemeinsame Haus kann keiner von beiden halten, es muss verkauft werden, und das schnell. Gitta ist zutiefst erschöpft, und ausgerechnet mit dem Auszug und dem Verkauf scheint aber auch alles schief zu gehen. Die zusätzliche Belastung zerrt an Gittas Nerven und allmählich auch an ihrer Substanz. Sie kann sich die vielen Blockaden, Missverständnisse und negativen Ereignisse einfach nicht erklären, die den Neuanfang immer wieder verzögern und beschweren.

Eine Freundin rät Gitta, die Ursachen auf der energetischen Ebene zu suchen und schickt sie zu mir.

Gitta erzählt mir von den vielen Schwierigkeiten, die sie mit dem Umzug hat und dass sie bereits so weit ist, zu denken, dass Holger ihr bei allem Einvernehmen vielleicht doch schlechte Energien an den Hals gewünscht hat. Als ich sie bitte, die Schwierigkeiten näher zu beschreiben, erwähnt Gitta auch, dass das Haus immer ihre persönliche Entwicklung und Lebensreise widergespiegelt hat. Jedes noch so kleine Stück in diesem Haus hatte Gitta mit viel Liebe ausgewählt, und ihren Freunden sagte sie oft, dass sich ihr Haus für sie wie ein Handschuh anfühle, der perfekt passe und sich wie eine zweite Haut anschmiege …

Ich bekomme bei dieser Erzählung eine Gänsehaut, und das ist einer meiner persönlichen Anzeiger dafür, dass hier der Schlüssel zur Lösung liegt. Also schlage ich eine Fädentrennung zwischen Gitta und ihrem Haus vor. Gitta ist zwar skeptisch, aber möchte es dennoch versuchen.

Tatsächlich finde ich eine starke Vermischung der Seelenenergien, deren Lichtfäden zu einem einzigen, aber sehr dicken, seilartigen Band verwoben sind. Der Spirit des Hauses zeigt zuerst keinerlei Bereitschaft, Gittas Seelenenergieteile herauszugeben. Aber ich erkläre ihm, dass die energetische »Leine« die Veränderung zwar verzögern und erschweren könne, aber über kurz oder lang doch erfolgen werde. Ich erzähle von der Scheidung und dass die Familie unwiderruflich verändert, die Scheidung schon vollzogen worden und der Auszug eine Tatsache sei. Darum gehe es nur noch darum, es für alle so wenig schmerzlich und so leicht wie möglich zu machen. Ich sage dem Haus, dass ich denke, dass es auch unter der Trennung leide, so wie alle und frage, was es bräuchte, damit es besser damit umgehen könne. Die Antwort ist eine, die ich ganz oft von Wesen bekomme, die in unserer Gesellschaft oft nicht als (vollwertige) Gegenüber gesehen werden (so z. B. Tiere, Geistwesen oder eben Orte und Häuser): Das Haus sagt, es habe zum einen die Erklärung gebraucht. Niemand habe ihm wirklich erklärt, warum die Veränderung eingetreten oder nötig sei, und niemand habe sich darum gekümmert und anerkannt, dass es auch eine Trennung für es, das Haus, bedeute. Ich nicke und bitte das Haus, auf mich zu warten, ich wolle Gitta seine Antwort mitteilen und mit ihrer Reaktion bzw. Botschaft zum Haus zurückkehren.

Als ich Gitta alles erzähle, ist sie erst einmal ziemlich verblüfft. Auf meine Frage, was ich dem Haus denn von ihr ausrichten oder überbringen solle, reagiert sie dann aber sehr schnell und sprudelt förmlich über. Sie möchte, dass ich dem Haus ihre aufrichtige Entschuldigung überbringe und ihm erzähle, wie wunderbar es für sie war, in solch einem Zuhause leben zu dürfen. Sie hätte sich so sehr gewünscht, in diesem Haus alt zu werden, ihr ganzes Leben dort zu verbringen, aber das sei nun einfach nicht mehr möglich. Als ich Gitta frage, ob es für sie vorstellbar wäre, ein kleines Dankbarkeits- und Abschiedsritual für das Haus durchzuführen, nickt sie ernst und nachdrücklich: »Das fühlt sich stimmig an. Und richtig gut … auch für mich selbst.« Etwas leiser fügt sie hinzu: »Und es tut mir leid, dass ich nicht einmal auf die Idee gekommen bin, meinem Haus für all die Jahre zu danken …«

Als ich wieder zu Gittas Haus »zurückreise« und die Botschaften überbringe, ist das Haus sofort bereit, Gittas Seelenenergieteile zurückzugeben.

Es gibt ab da keine Schwierigkeiten mehr mit dem Umzug.

Die Verbindungsfäden zwischen Orten bzw. Häusern und Menschen zu trennen, funktioniert nicht anders als die Fädenlösung zwischen Menschen – es ist lediglich eine andere Energie.

Folgendes sollten Sie dabei beachten:

1. Um den Verlust eines geliebten Heimatortes oder Zuhauses zu trauern bzw. trauern zu dürfen, ist völlig normal und auch wichtig.

2. Nicht immer bedarf es einer Fädenlösung, nur weil man umzieht. Häufig lösen sich diese Verbindungen mit der Zeit ganz von selbst, so wie auch oft Erinnerungen und emotionale Bindungen mit fortschreitender Zeit heilsam schwächer werden und sich irgendwann ganz lösen.

3. Eine Fädenlösung ist dann angezeigt, wenn Sie sich negativ beeinträchtigt oder gebunden fühlen.

4. Eine »saubere« Trennung der Energien und eine natürliche Fädenlösung werden durch Abschiedsrituale und bewusste Willkommenszeremonien unterstützt. Gerade Kinder bzw. der Lichtkörper von Kindern spricht besonders intensiv darauf an.

5. Denken Sie bei Umzügen bzw. Verabschiedungs- und Willkommensritualen bitte daran, Haustiere mit einzubeziehen. Zusätzlich können Sie z. B. eine(n) professionelle(n) Tierkommunikator(in) hinzuziehen, müssen es aber nicht. Es genügt, wenn Sie Ihrem oder Ihren Tieren erklären, warum und wann ein Umzug stattfindet und was/wie das Neue sein wird sowie die bewusste Einbindung in die entsprechende Zeremonie – z. B., indem Sie einen Zettel in ein Ritualfeuer geben, auf den Sie die Bitte um möglichst harmonische Eingewöhnung an das Neue für das Tier erbitten, ein inneres Bild erschaffen, in dem Sie alle gemeinsam freudig oder zuversichtlich an den neuen Ort gehen oder was immer für Sie und Ihr Tier/Ihre Tiere stimmig scheint.

6. Schwierigkeiten und Seelenschmerzen bei der Trennung von Orten oder Häusern muss nicht immer an Verbindungsfäden liegen. So wie es für alles verschiedene Ursachen und ganz individuelle Schlüssel gibt, kann es auch hier zum Beispiel an einem fesselnden Seelenvertrag liegen, an Fremdener-

gien oder Ähnlichem mehr. Häufig ist der Grund für Kummer und Probleme am neuen Ort ganz einfach: Die Spirits von Land, Haus und Garten wurden ignoriert. Niemand mag es, wenn er keine Wertschätzung oder Anerkennung erhält – oder einfach nicht gesehen bzw. gehört wird. Und so gilt oft einfach die alte Weisheit: Miteinander reden hilft!

Sie sehen also, dass das Prinzip immer gleich funktioniert. Ob Sie sich an andere Menschen, Tiere, Orte oder Häuser auf eine ungute Art gebunden fühlen – es ist möglich, das Herzensband, die Liebe, das Wunderbare an der Verbundenheit zu würdigen und auch zu bewahren. Und es ist möglich, diejenigen Fäden zu trennen, die der Vergangenheit angehören, die binden und belasten, statt gegenseitig zu nähren. Mit der Fädentrennung verfügen Sie über eine hochwirksame Methode, Veränderungen von Beziehungen und Verbindungen in Ihrem Leben positiv zu unterstützen, Abschiede zu erleichtern, dem Neuen den Weg zu ebnen und für mehr Freiheit und Flexibilität zu sorgen – im Innen und im Außen …

… zum Wohl aller Wesen!

HEILE VISION

Im Schamanismus wird eine Technik oder innere Haltung angewandt, die die »Heile Vision« heißt. Dies bedeutet, dass nicht der unheile Ist-Zustand vergegenwärtigt wird, sondern der heile Zustand einer Person, einer Situation oder eines Ortes als inneres Bild oder Vorstellung gehalten wird. Je nach Kraft und Entwicklungsstatus des Schamanen/der Schamanin reicht diese »Heile Vision« vom inneren Bild, das manifestierende Energie erhält, bis zur lebendigen Verkörperung (z.B. nicht Frieden denken/sehen/fühlen, sondern Friede sein). Darum möchte ich dieses Buch mit einer Heilen Vision schließen. Sie sind herzlich eingeladen, diese Vision in Ihr Denken, Fühlen und Sein hineinzunehmen oder Ihre eigene Heile Vision von Liebe zu erschaffen und sie in die/Ihre Welt zu geben.

Unsere Liebe hat Flügel,
   die sich voller Zärtlichkeit um die Welt legen.
Der Himmel beginnt direkt an unseren Füßen:
So viel Platz für die Töne,
    die unser Herzschlag ausschickt!
Töne, die sich miteinander verweben wie im Tanz
   und das Leben in allen Farben leuchten lassen.
Gemeinsam, miteinander und ganz bei sich
     genießen wir die Freiheit,
      das zu sein, was wir sind:
    heil und ganz
      geliebt.

Komm, meine Liebe, und blühe in all deiner Schönheit!
   Jetzt
  ist die beste Zeit dafür.

DANKSAGUNG

Von ganzem Herzen Dank an meine keltische Ahnenlinie, die mich das Wissen und Heilen von energetischen Beziehungsfäden gelehrt hat. Mir ist damit selbst so viel Schmerz erspart geblieben und so viel mehr Liebe ermöglicht worden.

Danke!

Über die Autorin

Désirée Baierl

Die Psychoonkologin und keltische Schamanin Désirée Baierl arbeitet seit über 20 Jahren mit dem Wissen der Energiemedizin. Ihr besonderes Anliegen ist es, Menschen Möglichkeiten zu eröffnen, sich Herausforderungen, Lebensthemen sowie Belastungen aus der Vergangenheit nicht mehr hilflos ausgeliefert zu fühlen, sondern selbst wirksam handeln und sich selbst helfen zu können.

www.arvita.net

BILDNACHWEIS

Schlimme Erlebnisse, Schock, großer seelischer Druck oder Schmerz formen in uns sogenannte negative Seelenverträge. Diese Seelenverträge – die auch aus der Vergangenheit mitgebracht oder vererbt sein können – beschweren unser Leben wie Bleigewichte. Sie wirken wie Seelenfesseln und sind überraschend oft Ursache von Krankheiten und vielfältigen Lebensproblemen. Von vergeblicher Partnersuche über berufliche Erfolgsblockaden, wo es wie verhext scheint, Beziehungsschwierigkeiten zu Elternteilen oder Kindern bis hin zu unerklärlichen Körperreaktionen und ewigen Umwegen zum eigenen Weg: Solange der zugehörige Seelenvertrag nicht gefunden und gelöst ist, sind Veränderungen kaum möglich.

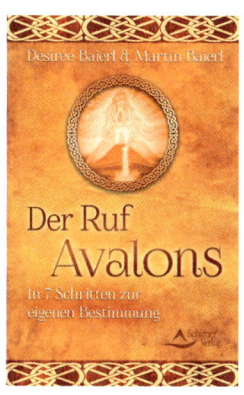

Désirée Baierl & Martin Baierl
Der Ruf Avalons
In 7 Schritten zur eigenen Bestimmung
ISBN 978-3-8434-1191-2

Avalon ist kein Fantasieort! Die Heilige Insel gibt es wirklich, und sie hat ihren Ruf ausgesandt: Ein magischer Entwicklungs- und Lösungsweg, der früher nur von auserwählten Frauen und Männern beschritten werden konnte, steht nun allen offen. Er führt über sieben real existierende Heiligtümer nach Avalon.
Désirée und Martin Baierl sind als keltische Schamanen in die Avalonische Heilerlinie eingeweiht und haben diesen lange verborgenen Weg zusammen mit den Hütern Avalons für uns beschreitbar gemacht. Mit diesem Buch können wir den Weg rein auf der Lichtebene oder direkt vor Ort gehen, um die eigene Bestimmung zu finden, ein Problem zu lösen, eine Krise zu bewältigen, Antworten zu erhalten oder endlich heimzukommen.